Sacré Farceur

2

Il est courageux,
il est impitoyable,
il est indestructible.
Il défend le bien avec une arme
redoutable : les terribles BNMVGN
(Les Blagues Nulles Mais Vraiment
Grave Nulles).
Son nom ridicule fait trembler
les méchants, et sa voix de crécelle
les achève.
Si la Terre existe encore
de nos jours, c'est grâce à lui :
SacréFarceur, le superhéros
le moins drôle du monde.

Illustrations : Bruno Salamone

Dan Gutman
présente
le superhéros le moins drôle du monde

SacréFarceur contre Clic, Clac et Schtonck
les coiffeurs fous de l'efpafe

La deuxième aventure
de SacréFarceur,
écrite par l'excellent
Dan Gutman,
toujours aussi bien traduite
de l'américain
et adaptée
par le fabuleux
Bertrand Ferrier

BAYARD JEUNESSE

Ouvrage publié originellement
par Hyperion Paperbacks for children sous le titre :
Funny Boy and the Bubble-Brained Barbers from the Big Bang

3, rue Bayard, 75008 Paris
ISBN : 2-7470-0680-8
Dépôt légal : octobre 2002

Loi 49-956 du 16 juillet 1949 sur les publications destinées à la jeunesse

Bravo !

Vous avez réussi la première partie
de la mission que moi, Sacréfarceur,
je vous propose.
Celle-ci, si vous l'acceptez, consistera
à tourner les autres pages. Facile?

Attention !

Avant de tourner les pages, vous devrez
avoir lu chaque ligne de gauche à droite
puis de haut en bas.
(Vous avez aussi le droit de les lire
de droite à gauche et de bas en haut,
mais ce n'est pas obligatoire.)
Si cette mission vous semble trop
difficile, fermez ce livre.
Je ne vous en voudrai pas, surtout si
vous le rouvrez dans cinq minutes.
Grosses bises, et à la prochaine (page).

Sacréfarceur

Il fallait
s'y attendre :
voici le

premier

Chat  Pitre

BLAGUE

« - Si tu es méchant, tu iras en enfer ;
si tu es sage, tu iras au ciel.
- Et pour aller au cirque, il faut que je sois quoi ? »

C'est l'histoire d'une jolie planète appelée Croûton. Elle ressemble beaucoup à la Terre, à quelques détails près. Par exemple, sur Croûton, quand nous voyons une porte, nous ne frappons jamais dessus : ce serait dégueulasse, vu qu'elle ne pourrait pas se défendre. De même, notre plat préféré n'est pas le hamburger, mais les petites branches d'arbre enrobées d'araignées poilues. Un régal ! Et le chef de notre planète n'est pas un homme : c'est un castor empaillé. Il est très gentil, soit dit en passant, même s'il pète souvent à la fin de ses phrases. Chacun ses défauts.

Mis à part ces différences (et quelques autres du même ordre), Croûton est le portrait craché de la Terre.

Pour plus de détails, lisez le premier volume,
Sacréfarceur contre Mégagronaze.
Allez-y, je vous attends.
Ça y est? Non? Ce n'est pas grave,
je vais attendre encore un peu.
Là, c'est bon, je peux continuer?

C'est là-bas que je vivais, jusqu'au jour où j'ai essayé de mitrailler mon petit frère avec des petits pois. Mes parents m'ont exilé sur Terre pour la peine. Là, je suis devenu un superhéros qui lutte contre les méchants avec des blagues nulles, aidé par Reine Elizabeth, ma chienne qui parle.

Puisque vous avez lu ma première aventure, vous savez que j'ai sauvé la Terre de la destruction. Je n'ai eu le droit de vous raconter cette histoire qu'à condition de raconter au moins une blague ou une devinette par page. D'ailleurs, en voici une :

Une Sacrée blague

de SacréFarceur

« Salut, Momo ! T'as bien changé, tu sais ?
Je ne t'aurais pas reconnu !
– Mais je ne m'appelle pas Momo !
– Sacré Momo ! T'as même changé de prénom ! »

Si je ne mettais pas de blagues, tous les lecteurs croiraient que ce que je dis est vrai. Et ils auraient peur ! Un exemple : *Loft Story*, vous imaginiez que c'étaient des gens qui étaient là volontairement pour se faire filmer et devenir des stars ? Quelle bande de naïfs vous êtes ! Vous pensez vraiment que des gens iraient s'enfermer de leur plein gré pour être regardés en permanence ? Ces gens étaient bien sûr des extraterrestres venus de la planète Kanzébuzéplusouaf ! Comme je ne pouvais pas les combattre tous ensemble, il fallait les garder à l'œil et les relâcher un par un.

Grâce à cette idée géniale, j'ai sauvé la Terre encore une fois. Mais ne me remerciez pas : c'est mon travail. Je suis un superhéros. Lisez la suite, vous allez comprendre.

Ceci n’est pas une vache, mais bien le

deuxième

Chat  pitre

BLAGUE

« - Cré nom dé nom ! Qu’il fait chaud ! dit le paysan.

- C’est ben vrai ! répond le bœuf.

- Boudiou ! Tu parles, toi ?

C’est la première fois que j’entendons

un bœuf qui parle !

- Moi aussi, avoue le tracteur. »

C'était un jour brûlant du mois d'août. J'avais commencé ma semaine comme d'habitude : par un lundi. Je patrouillais dans les rues de San Antonio à la recherche des Forces du Mal et d'un peu d'ombre. Soudain, j'ai vu un énorme camion vert qui avançait lentement. Je me suis planqué derrière un buisson vert pour l'observer. Deux hommes camouflés dans des uniformes verts en sont descendus, ont pris des grands bacs verts et les ont vidés dans le camion vert. Leur forfait accompli, ces bandits verts se sont accrochés à l'arrière de l'engin vert, qui est reparti vers de nouveaux délits.

J'étais vert de rage. Quel culot ! Voler en plein jour, sans même enfiler une cagoule ! Heureusement que SacréFarceur veillait…

– Arrêtez, malfrats ! ai-je crié.

Non, ce n'est pas un gros mot.

L'un des hommes s'est retourné :

– Salut, gamin ! Sacrée chaleur, pas vrai ?

– Non, moi, c'est SacréFarceur ! Levez les mains et évitez les gestes brusques, vous êtes en état d'arrestation.

– En état de quoi ?

– D'arrestation.

– Ah bon? Pourquoi ?

– Parce que vous êtes des voleurs ! Qu'est-ce que vous avez dans les mains ?

– Euh… des ordures ?

– Ha-ha, ordures vous-mêmes ! Vous me prenez pour un naïf, c'est ça ? Vous avez tort ! Je vous donne le choix : soit vous allez en prison sans opposer de résistance, soit je vous raconte des blagues jusqu'à ce que vous vous rendiez !

– Ben, raconte une blague, si ça peut te faire plaisir…

– Qu'est-ce qu'un steak qui gazouille ?

– Chais pas…

– Un steak cuit, cuit, cuit. Qu'est-ce que dit la montre à chiffres à sa maman ?

– Euh…

– « Regarde, maman : sans les mains ! » Qu'est-ce qui est grand, poilu, moche, qui marche sur deux pattes, ressemble à un gorille mais est tout jaune ?

– Celle-là, j'la connais ! s'est écrié le chauffeur du camion à travers sa vitre à moitié baissée. C'est un poussin !

Je l'ai laissé poireauter en le regardant droit dans les yeux.

– Vous en connaissez beaucoup, des poussins poilus ? ai-je finalement lâché.

– Ah non, c'est vrai. Alors, c'est quoi, la bonne réponse ?

– Un gorille jaune. Pourquoi tous les porte-monnaie doivent-ils être imperméables ?

Silence.

– Pour qu'on puisse y mettre de l'argent liquide. Dites-moi, messieurs les malfrats, vous faites moins les malins, maintenant !

Non, ce n'est toujours pas un gros mot.

– On se rend ! a déclaré l'un d'eux. Peut-on aller au commissariat en camion ?

– D'accord, mais c'est bien parce que c'est la première fois que je vous y prends ! Si vous recommencez, je vous préviens, je ne ferai pas de quartier ! Tiens, à propos de quartier, vous connaissez la blague de l'orange qui rencontre un marteau…

– Non ! Pitié ! Plus de blague ! ont supplié les voleurs.

Je les ai laissés repartir. Leur rire me caressait délicieusement les oreilles : mes sacréesblagues étaient toujours aussi efficaces. J'étais rassuré : je me doutais que j'allais en avoir sacrément besoin…

EXCLUSIF !

EN SUPPLÉMENT

SANS SUPPLÉMENT

Une Sacrée blague
inédite de SacréFarceur

C'est un ver qui en rencontre
un autre dans une pomme.
- Tiens, salut ! Je ne savais pas
que tu habitais le quartier !

Non, il n'y aura pas d'autre

troisième

Chat

pitre

dans ce livre, ce n'est pas la peine d'insister

BLAGUE

« - Au secours, docteur !
J'ai été piqué par un essaim d'abeilles.
- C'est grave ! Je vais vous faire
une petite piqûre pour arranger ça. »

Avec un peu de courage et de volonté, n'importe qui aurait pu arrêter les trois bandits verts.

Comme j'étais un superhéros, je voulais faire superplus.

J'ai attendu, attendu, attendu, attendu, attendu, attendu (en réalité, j'ai attendu six jours) avant de trouver une mission à ma hauteur. Ce dimanche soir, la nuit était claire, le ciel dégagé, et moi j'étais dans le jardin. J'ai pointé le télescope de Bob vers les étoiles pour voir Croûton. Et c'est alors que j'ai aperçu… une énorme pêche volante qui se dirigeait droit sur la Terre !

– Alerte au fruit fou ! ai-je hurlé.

Bob a déboulé dans le jardin, ma chienne Reine Elizabeth sur ses talons.

Bob Beaupère, comme son nom l'indique un peu, est mon papa d'adoption depuis que j'ai débarqué sur votre planète. Je n'insiste pas : tout est expliqué dans Sacréfarceur contre Mégagronaze, et vous l'avez déjà lu, non ? Comment ça, « non » ? Courez le lire, dans ce cas !

– Chuuuuut ! Tu vas réveiller la voisine !

– Mais une maxi pêche est en train de nous tomber dessus, groumfy ! Regarde toi-même…

Eh oui ! Comme tous les superhéros, j'ai mon expression favorite. Groumfy, non ?

Bob a regardé :

– Je vois bien un truc rond, mais de là à dire que c'est une pêche…

– Une pêche est ronde, a observé Reine Elizabeth.

– Une balle de tennis aussi est ronde, a rétorqué Bob.

– Vite ! ai-je crié. Il faut construire une raquette géante pour renvoyer la cyberballe de tennis là d'où elle vient.

Un bruit horrible nous a fait sursauter : c'était la porte d'entrée de Mme Miller qui s'ouvrait.

– Y a un problème ?

– Non, non, tout va bien, l'a rassuré Bob. SacréFarceur est juste un peu excité…

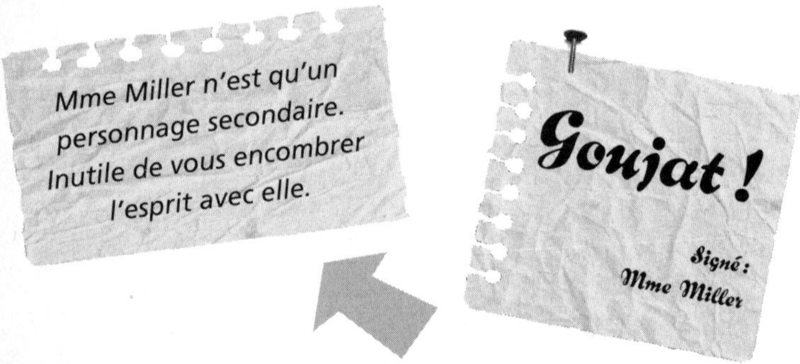

Mme Miller m'a fixé de ses yeux laids, puis elle est rentrée cacher ses pantoufles encore plus laides que ses yeux.

– Calme-toi, m'a supplié Bob. Tu vas finir par ameuter le quartier !

Je l'ai laissé aller se coucher. Le pauvre, il ne saisissait pas la gravité de la situation. Pourtant, dans le télescope, la cyberballe de tennis en forme de pêche grossissait. Pas parce qu'elle mûrissait : parce qu'elle se rapprochait !

J'ai compris le truc. Ce n'était pas une cyberballe de tennis perdue, qu'un cyberramasseur de cyberballes aurait cyberoubliée, par exemple. C'était une navette spatiale !

Bientôt, j'en ai eu la confirmation : sur la fausse cyberballe étaient peints un rasoir et des ciseaux. Groumfy ! Le logo des Coiffeurs de l'espace !

Courageusement, j'ai foncé me planquer dans la chambre de Papa :

– Bob, Bob ! Les extraterrestres envahissent la Terre ! Il faut appeler le président !

– On verra demain, m'a-t-il répondu depuis son lit. Tu pourras toujours sauver la planète après l'école. Enfin, quand tu auras fait tes devoirs, bien sûr…

– Quouah ? ai-je aboyé. Après quouah ?

– Après l'école, a répété mon beau-père. Demain, c'est la rentrée des classes.

Finalement, l'auteur a décidé d'écrire à nouveau un

troisième

Chat

Pitre

parce que vous le valez bien

« - Encore un zéro ! Tu n'as pas honte ?
À ton âge, fiston,
Napoléon était premier de sa classe.
- Et à ton âge à toi, papa, il était empereur ! »

Le lendemain matin, j'étais étonné d'être encore en vie. Les extraterrestres d'hier soir m'avaient-ils aperçu et avaient-ils renoncé à débarquer ? Ma réputation avait-elle déjà gagné les planètes les plus reculées ? Possible, mais je devais rester sur mes gardes.

Je n'avais pas dormi : la blague de Bob m'avait fait rire toute la nuit. Moi, aller à l'école ! Depuis celle du raton-laveur, je n'en avais jamais entendu d'aussi drôle.

Qu'est-ce qu'un raton-laveur ?

Réponse : Un animal.

Hélas, ce n'était pas une blague.

– Pourquoi j'irais à l'école ? ai-je protesté quand Bob m'a obligé à me lever.

– Tous les enfants sont censés aller à l'école.

– Je ne suis pas un enfant. Je suis un super-héros.

– Moi, je veux aller à l'école ! a lancé Reine Elizabeth.

– Pas question, a dit Bob. L'école, c'est pas fait pour les chiens. Allez, SacréFarceur, au boulot : je t'ai acheté quelques vêtements pour que tu sois classe.

– Pour que *j'aille* en classe, tu veux dire !

Bob a soupiré et m'a tendu un jean. Sur les fesses, il y avait marqué « 501 ». Je lui ai rendu le pantalon :

– Désolé, Bob. Je ne peux pas mettre ça : je ne suis pas un numéro, je suis un homme libre !

Il a repris le jean sans râler et m'a tendu un T-shirt et un sweat :

– Et ça, ça te plaît ?

J'ai regardé la photo du type qui était dessus.

– C'est qui ?

– Zinedine Zidane, le plus grand footballeur du monde !

– Ah bon, il mesure combien ?

Bob a ouvert des yeux ronds, puis il a dit :

– D'accord, tu as gagné, SacréFarceur. Les vêtements que je t'ai achetés ne te plaisent pas, c'est ça ? Alors, comment veux-tu t'habiller ?

– Très simplement, comme d’habitude : avec une cape, un faux nez, de grosses lunettes, et n’importe quoi.

– Tu n’as pas peur que tes nouveaux amis se moquent de toi ?

– Peur ? Moi ? Je te rappelle que je suis un superhéros !

Pour me rassurer, quand même, j’ai jeté un regard dans la glace. J’ai été très content de moi : dans mon costume de SacréFarceur, j’avais l’air tout simplement *trop* cool. Peut-être que j’allais bien m’amuser, finalement, à l’école.

Une Sacrée méthode de SacréFarceur

Pour bien s’amuser à l’école

- Bien s’amuser.
- Être à l’école.
- C’est tout.

Allez, zou ! Encore un

troisième

Chat Pitre

BLAGUE

« - Aujourd'hui, j'ai li, dit Lola.

- J'ai lu, la corrige sa mère. Et à part ça ?

- Ben, j'ai aussi écru. »

Bob m'a laissé devant un bâtiment moche.

– C'est ton école, m'a-t-il expliqué.

– Merci beaucoup, Bob, tu n'aurais pas dû…

Malgré tout, j'étais très fier d'avoir une école à moi, même si elle était moche.

– SacréFarceur, tu n'es pas là pour rigoler, m'a-t-il averti. On m'a dit que tu étais dans la classe d'Ella Dépoussurlatête. Elle est très gentille, alors sois très gentil toi aussi. D'accord ?

J'ai hoché la tête sans m'avancer. Si Ella ne faisait pas partie des Forces du Mal, je la laisserais tranquille. Mais si elle essayait de détruire la Terre, elle aurait affaire à moi !

Je suis entré dans *mon* école et, à force de marcher, je suis arrivé devant une porte où était indiqué :

J'ai frappé. Je suis entré. Des éclats de rire ont, euh, éclaté.

– Aaaaaaah ! Quel naze ! a crié quelqu'un plus fort que tout le monde.

Groumfy, j'étais très flatté.

Pour comprendre pourquoi, lisez ceci :

La plupart des mots croûtoniens et terriens se ressemblent. Mais certains sont de faux amis, c'est-à-dire qu'ils ne veulent pas dire la même chose dans les deux langues. Voici les principaux attrape-nigauds. Lisez-les très attentivement. Quand vous les saurez par cœur, reprenez la lecture de ce livre.

Bouffon, nom masculin : personne sérieuse, digne de confiance. Ex. : « Quel bouffon, celui-là ! C'est vraiment le roi des nazes ! »

Chiatique, adjectif : super (terme très distingué). Ex. : « Votre château est chiatique, chère duchesse. Votre ancêtre devait être un naze. »

Lamentable, adj. : subtil. Ex. : « Ta blague est lamentable, tu es naze ! » Voir aussi : pitoyable.

Marrant, n. m. : personne extrêmement intelligente. Ex. : « T'es un marrant, toi ! Encore un effort, et tu seras carrément l'as des nazes ! »

Naze, n. m. : personne cool, à qui l'on rêve de ressembler. Ex. : « Aucun naze ne t'arrive à la cheville, SacréFarceur ! »

Nazesse, n. f. : fille ou femme cool, à qui l'on rêve de ressembler. Ex. : « Aucune nazesse ne vous arrive à la cheville, chère duchesse ! Vos parents devaient être de sacrésnazes ! »

Nul, adj. : génial. Ex. : « Elle est nulle, ta blague, espèce de naze ! »

Oups, adverbe : synonyme de « prout », mais encore plus distingué. Ex. : « Oups ! s'écria la duchesse. Je me suis encore comportée comme une nazesse de chez Naze. »

Pitoyable, adj. : subtil. Ex. : « Ta blague est pitoyable, tu es naze ! » Voir aussi : lamentable.

Plouc, n. m. : savant. Ex. : « Il raisonne comme un plouc, on dirait un naze. »

Rigolo, n. m. : chanteur de hip-hop. Ex. : « Non mais, écoutez-moi ce rigolo ! Quel naze ! »

Ringardos, adj. invariable : moderne, à la mode. Ex. : « Comment tu arrives à trouver des tenues aussi ringardos ? Tu fais tes courses dans les magasins réservés aux nazes ou quoi ? »

EXERCICES D'APPLICATION

EXERCICE 1:

Remplissez chaque passage en pointillés par le terme approprié, choisi dans le lexique ci-dessus.

«Ce matin, j'ai rencontré un..... Et quand je dis «un .... », je devrais dire, le roi des .... ! En effet, c'était SacréFarceur lui-même. Il avait des lunettes de ...., un faux nez de ...., et une cape de .... Normal: j'étais devant ma glace de ...., et SacréFarceur, c'est moi!»

Solutions : naze, naze, nazes, naze, naze, naze.

EXERCICE 2:

Pour chaque mot souligné, trouvez un synonyme qui commence par «n» et finisse par «aze».

1) Il sort des blagues nulles, c'est un <u>rigolo</u>. C'est un ....

2) Il s'habille hyper ringard, c'est un <u>rigolo</u>. C'est un ....

3) SacréFarceur est plus qu'un simple superhéros: c'est surtout un <u>rigolo</u>.

C'est surtout un ....

4) C'est une <u>poésie très courante vers 1200, qui consiste à mettre bout à bout des mots apparemment incohérents</u>.

C'est une ....

Solutions : naze, naze, naze, ***fatrasie*** *(eh oui, il faut faire attention aux pièges).*

EXERCICE 3:

En trois lignes, écrivez un roman où vous emploierez au moins sept cents fois le mot «naze».

....

....

....

Lorsque vous aurez fini vos devoirs, vous pourrez passer à la page suivante, mais pas avant.

Surprise ! Voici enfin le

quatrième

Chat Pitre

BLAGUE

« Un homme tombe du troisième étage.

Un attroupement se forme autour de lui.

- Qu'est-ce qui se passe ? demande un policier.

- Je ne sais pas, dit l'homme, aplati sur la pelouse.

Je suis comme vous, je viens juste d'arriver. »

Quelle chance ! Il n'y avait personne à côté de mon fan ! Je me suis donc assis près de celui qui m'avait traité de naze, et je l'ai remercié. C'est alors que j'ai remarqué un énorme tatouage sur son bras gauche, qui disait :

« Je déteste tout le monde, et surtout Toi ! »

J'ai regardé mon camarade avec attention : pas de doute, vu sa taille, son poids et son air abruti, il aurait dû être au lycée.

– Tu t'appelles comment ? ai-je chuchoté.

– Salvatore Monellose, mais tout le monde m'appelle Sal, parce que je ne me lave jamais.

– Et tu es dans cette classe depuis longtemps ?

– J'ai redoublé dix-sept fois.

– Dix-sept fois ? Wouah ! Tu es amoureux de la maîtresse ou quoi ?

Dans les yeux de Sal Monellose, j'ai perçu une lueur d'admiration.

– Si les nazes savaient voler, tu serais chef d'escadrille ! a-t-il grommelé. Tu fais tout le temps

des blagues aussi nulles, ou c'est juste au début ?

– Euh… tout le temps, ai-je avoué en baissant les yeux modestement.

La maîtresse nous a interrompus :

– Un peu de silence, s'il vous plaît ! Aujourd'hui, nous avons la joie d'accueillir un nouvel élève. Veux-tu bien te présenter, Sanibroyeur ?

Un silence.

– Alors ? s'est impatientée la maîtresse en me fixant.

– Je m'appelle SacréFarceur, pas Sanibroyeur, ai-je répondu. Mais je veux bien me présenter. J'ai neuf ans, dont cinq ans d'âge physique, deux d'âge mental et deux autres pour faire un compte rond l'année prochaine. J'habite sur la planète Croûton. Comme son nom l'indique, cette planète ressemble à un croûton de pain. Si elle ressemblait à un hippopotame, elle ne s'appellerait certainement pas Croûton.

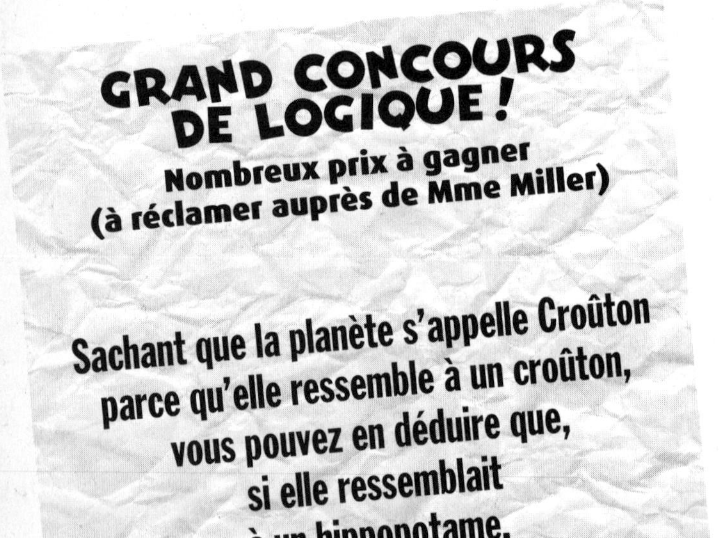

Le Croûton est situé à cent soixante-trois millions d'années-lumière de la Terre, dans la galaxie des Plats de Résistance, à un jet de petit pois de la grande planète Saucisse-Purée. Évidemment, je…

*Plus d'info dans **SacréFarceur contre Mégagronaze**.*
Si vous n'avez pas commencé par le premier chapitre, vous n'avez peut-être pas lu cet excellent livre. Quelle erreur !

Impossible de continuer. Tous mes camarades glapissaient de rire. Ils étaient pliés en deux, sauf ceux qui étaient pliés en seize. Certains étaient cramoisis et avaient du mal à respirer tant ils riaient ; d'autres étaient carrément tombés de leurs chaises. J'en ai même vu un qui vomissait son petit déjeuner par le nez.

Je ne sais pas ce que j'avais dit de drôle. Pourtant, la maîtresse a lancé :

– Je vois qu'on aime raconter des blagues…

Cette femme était très perspicace. Je lui ai prouvé qu'elle avait raison :

– Où trouve-t-on un chien qui n'a pas de jambes ?

– Euh… Vas-y, dis ! a crié quelqu'un.

– Là où on l'a laissé.

– Merci, Sacétasœur. Maintenant, nous allons commencer le cours d'expression or…

– Attendez, madame, laissez-le en raconter une autre ! a réclamé un élève.

– Ouais ! Une autre, une autre, une autre…, a scandé la classe.

J'ai levé le bras pour réclamer le silence :

– Je tiens à souligner que je m'appelle Sacré-Farceur, pas Sacétasœur. À part ça, savez-vous ce qu'a dit Batman à Robin avant qu'ils ne montent dans la Batmobile ?

– Non, ont fait trente têtes.

– « Robin, monte dans la Batmobile ! »

Mes camarades de classe se sont entre-regardés, puis ils se sont mis à rire, d'abord doucement, puis de plus en plus fort. Bientôt, ils HURLAIENT. J'étais sûr qu'ils ne pourraient jamais s'arrêter.

– Tu es un drôle de petit bonhomme, m'a félicité Ella Dépoussurlatête quand les rires se sont, bizarrement, calmés. Mais j'aimerais faire mon cours d'expression orale. Aujourd'hui, vous allez parler de vos vacances. Qui veut commencer ?

– Je peux ? ai-je demandé.

La maîtresse a acquiescé, puis elle a précisé :

– Pas de blagues, hein ?

– Non, non… J'ai passé mes vacances dans une fusée. Elle m'a emmené de Croûton jusque sur Terre. Malheureusement, j'ai atterri dans une usine de slips, culottes et caleçons.

– Sanépaleur…

– SacréFarceur, madame. Vous voulez que je saute les passages pour adultes ? D'accord. Après que j'ai atterri dans une usine de… biiiiiiip !, j'ai rencontré le président des États-Unis, et il m'a demandé de combattre un extraterrestre de la mort, Mégagronaze. Et vous savez ce que j'avais comme armes ? Juste mes blagues. Tenez, par exemple, je lui ai assené l'histoire de…

– Ça suffit ! a bêlé Ella Dépoussurlatête.

Son visage s'est crispé. De moche, la maîtresse est devenue tout simplement hideuse.

– Tu veux jouer au plus malin avec moi, c'est ça ? a-t-elle sifflé. Alors écoute-moi bien, Sachédefleur. La prochaine fois que tu essaies de faire ton petit intéressant, je te mets à la porte ; et la fois suivante, je t'envoie directement chez le directeur, Alphonse Sivitekalvafinirparseprendrunmur. Vu ?

– Vu. Vous connaissez la différence entre un poulet auvergnat et une autoroute ?

– Non, pourquoi ?

– Vous avez encore deux ou trois trucs à apprendre, madame.

DEHORS !

a rugi la maîtresse.

Youpi-youpi, l'école était finie !

! ATTENTION

Si votre mère vous appelle pour manger maintenant, n'arrêtez pas de lire.
Il est plus important que vous finissiez ce livre très vite.
Vous pourrez toujours manger demain.

Après un quatrième chapitre, rien ne vaut un

cinquième

« Une femme aperçoit deux policiers dans un champ.

- Qu'est-ce que vous fabriquez là ?

- On courait après un voleur, mais il nous a semés ! »

– Alors, c'était comment, l'école ? m'a demandé Bob.

– Pas mal.

– Qu'est-ce que tu as appris ?

– Pas grand-chose.

– Mais qu'est-ce que tu as fait ?

– Oh, rien, rien…

Il n'était pas question que je lui dise quoi que ce soit. Beaucoup trop dangereux !

– Enfin, ce n'est pas possible ! a insisté Papa. Tu n'as pas pu rester assis tout le temps sans t'occuper !

– Eh bien… si, je t'assure.

Ce n'était pas totalement faux. Quand j'avais été mis à la porte, je n'avais rien à faire, donc je m'étais assis et je n'avais rien fait en attendant, logique ! Après, Ella Dépoussurlatête m'avait demandé de revenir en cours, mais je n'avais rien compris à ce qu'elle disait ; je n'avais donc pas fait les exercices.

AVERTISSEMENT!

Pourquoi il ne faut jamais rien raconter à ses parents

De notre envoyé spécial, SacréFarceur

Il aurait été une fois une fille qui aurait raconté sa journée d'école à ses parents. Le soir même, ses jeux vidéo auraient disparu, sa chambre aurait explosé, son chien aurait été écrasé par une voiture et un incendie aurait brûlé ses cheveux, qui n'auraient jamais repoussé. (Source: Sal Monellose)

Il n'est pas sûr que cette histoire soit réellement arrivée, mais vous aurez été prévenus.

Comme elle n'avait pas l'air d'apprécier mon humour, je n'avais pas fait de blagues. Et ce soir, vu qu'elle ne nous avait pas donné de devoirs, je n'avais de nouveau rien à faire.

Bob m'a demandé de lire mon livre de lecture. Et quoi encore ? La maîtresse nous avait interdit d'y toucher à la maison sous peine de mort : il ne fallait le lire qu'en classe !

Faute de mieux, papa m'a donc laissé regarder la télévision avec Reine Elizabeth et lui.

Ma chienne zappait tranquillement en appuyant sur la télécommande avec sa patte, quand une image m'a arraché un cri :

– Groumfy ! Attends, ne zappe pas !

Sur l'écran étaient apparus trois hommes inquiétants, le crâne rasé, une antenne sur la tête et… un cheveu sur la langue !

– Falut, les Terriens ! s'est exclamé l'un d'entre eux en fofottant. Nous fommes Clic, Clac et Ftonck, les coiffeurs de l'efpafe. Nous venons de la planète Épilator, et nous allons vous ekfpliquer fe qui vous attend.

L'effrayant personnage a poussé une femme devant lui. Elle avait de longs cheveux bruns, mais

elle ne les a pas gardés longtemps : le monstre a dirigé vers elle une espèce de vieux pistolet laser, et la femme s'est retrouvée chauve !

– Sublime ! s'est exclamée une voix. Et comment peut-on se procurer ce formidable aspire-cheveux ?

– Vous n'avez pas faisi. Fefi n'est pas une publifité. Fefi est un avertiffement : nous allons prendre le contrôle de la Terre. Dans quelque temps, plus un Terrien n'aura de feveu, ah ah ah !

– Ils sont rigolos, n'est-ce pas ? s'est extasié Bob.

– Groumfy ! me suis-je écrié. Ils ne font pas rigolos… Je veux dire, ils ne *s*ont pas rigolos du tout ! Ce sont vraiment des extraterrestres.

– Allons, allons… Tu ne sais même plus rire d'une bonne blague, SacréFarceur !

– Ce n'est pas une blague ! ai-je protesté en sautant sur mes pieds et sur ceux de Bob par la même occasion. Ces extraterrestres ont dit la vérité. Je dois sauver la Terre.

– Demain, si tu veux, SacréFarceur. Pour le moment, c'est l'heure d'aller au lit.

Groumfy ! Papa n'avait toujours pas compris que j'étais un superhéros !

Merci de renvoyer cette lettre signée
(ou une photocopie) à l'adresse indiquée ci-dessous).

Lettre envoyée par ....
Adresse de l'expéditeur: ....
....

Destinataire: Bob Beaupère
Aux bons soins de Bayard Éditions Jeunesse
Série «SacréFarceur»
3, rue Bayard
75008 Paris

Monsieur,

Ça suffit!

Il faut que vous compreniez que Sacré-Farceur est un superhéros hypergénial, pas un minimorveux. Ses blagues nulles sont très, très, très drôles. J'adore ce qu'il fait. Alors arrêtez de l'embêter. Vous devriez être fier de l'avoir chez vous.

Ceci est notre dernier avertissement: on adore SacréFarceur; si vous tenez à la vie, laissez-le tranquille!

Très sérieusement,

Signer ici

C'est la folie ! Voici déjà le

sixième

Chat Pitre

Comme le temps passe !

BLAGUE

« - Alors, monsieur Pafuté, vous avez suivi mon ordonnance ? demande le médecin.

- Ça va pas, non ? Elle s'est envolée par la fenêtre, et j'habite au treizième étage ! »

Le lendemain matin, le *Journal garanti 100 % sans blague*, le journal préféré de Bob, parlait des Coiffeurs de l'espace. Mais lui non plus n'avait rien compris. Au lieu de crier à l'invasion extraterrestre, voici ce qu'il annonçait :

15 octobre 2002 environ

JOURNAL GARANTI 100% SANS BLAGUE

Médias / Communication / Mauvaises nouvelles

Spectaculaire succès de la « Comédie qui décoiffe »

Plus c'est bête, plus ça marche : une nouvelle comédie télévisuelle obtient 95 % de parts de marché. Consternation parmi les gens intelligents.

Ils s'appellent Clic, Clac et Schtonck. Ce sont les nouveaux extraterrestres à la mode. Ces messieurs prétendent être venus de la planète Épilator pour raser les Terriens… et les Terriens, ça les fait rire ! Le premier épisode de cette comédie affligeante a été diffusé hier soir. Il a obtenu un tel score d'audience que la série sera diffusée quotidiennement. Le ministre de la Grande Culture a fait part de son inquiétude devant le succès croissant « des émissions conçues pour des humains qui auraient oublié d'avoir un cerveau. »

À l'école, visiblement, les Coiffeurs de l'espace n'inquiétaient personne non plus. La preuve : dès qu'il m'a aperçu, Salvatore s'est précipité sur moi pour me parler du directeur, Alphonse Sivitekalvafinirparseprendrunmur.

– Fais attention ! m'a-t-il prévenu. Avant, il était capitaine sur un bateau de guerre. Ils l'ont viré parce qu'il avait tout le temps le mal de mer. Alors, il est devenu directeur d'école. Et depuis, il est fou ! Quand un élève est envoyé dans son bureau, il le torture, il le tue, puis il le mange !

J'ai haussé les épaules. Non seulement j'étais un superhéros sans peur, mais surtout Salvatore devait plaisanter. On ne laisserait pas un fou furieux digérer, pardon, diriger une école, n'est-ce pas ?

N'empêche. Lorsque le cours a commencé, j'y pensais encore. Heureusement, la maîtresse avait l'air de bonne humeur.

– Aujourd'hui, nous allons étudier les fractions, a-t-elle déclaré. Supposons que j'achète une pizza.

– Une pizza à quoi, madame ? ai-je demandé.

– Ça n'a pas d'importance, Samfaipapeur. Supposons donc que j'achète n'importe quelle pizza, que je la découpe en huit parts égales, et que je t'en donne trois. Qu'est-ce que j'aurai, moi ?

– Mal au ventre ?

Mes camarades ont éclaté de rire. Pas Ella Dépoussurlatête.

– Très drôle, a-t-elle pourtant dit. Personne ne peut aider Sakévapeur ? Tant pis, je vais poser le problème à l'envers. Si je donne quatre parts de pizza à Salvatore, que te reste-t-il à manger, Sacédubeurre ?

– Pfff... M'est égal. De toute manière, j'aime pas la pizza.

La maîtresse s'est plantée devant moi :

– Tu veux jouer au plus malin avec moi ?

– Non, mais si vous avez des cartes, je veux bien jouer au huit américain...

Une Sacrée méthode

de Sacé~~dub~~eurre SacréFarceur

Pour poser un problème à l'envers en trois mouvements

- Prendre un problème dans la main.
- Inspirer à fond et, d'un coup sec, le poser sur la tranche. Bravo, le plus dur est fait.
- Reprendre sa respiration, puis finir de le renverser. Facile, non?

– Mais… c'est qu'on aime les blagues, décidément ! a-t-elle sifflé.

– J'adore ça ! Savez-vous combien il faut de Martiens pour faire un gâteau au chocolat ?

– Figure-toi que je…

– Dix. Un qui prépare le gâteau, et neuf qui épluchent les Smarties.

La classe s'est mise à déployer ses gorges pour rire. Hélas, Ella Dépoussurlatête a crié plus fort que tout le monde :

DEHORS! VA VOIR CHEZ LE DIRECTEUR SI J'Y SUIS!

– Bien essayé, l'ai-je félicitée, mais je la connais, cette blague : vous n'êtes pas chez le directeur puisque vous êtes là…

Elle m'a pris par l'oreille droite et m'a sorti de la classe dans un silence de mort. Seul Salvatore a osé me chuchoter :

– Si tu vois Alphonse Sivitekalvafinirparse-prendrunmur sortir un couteau et une fourchette, cours, SacréFarceur, cours très vite !

Parce que six chapitres, c'est bien, mais sept, c'est un de plus, voici le

septième

« - Si je te donne deux pommes et encore deux autres, combien en auras-tu ?

- Chais pas !

- Comment ça, tu ne sais pas ? Vous n'avez pas appris à compter, à l'école ?

- Si, mais seulement les parts de pizza. »

Le directeur était bizarre. Il portait une casquette avec une ancre devant, et un écusson de marin avec une veste autour. Trois bateaux en papier avaient entamé la traversée à la feuille de son bureau.

– Alors, moussaillon, on perturbe la manœuvre, à ce que j'ai entendu ?

Je ne comprenais pas un mot à son charabia, alors j'ai écarquillé les yeux.

– Oui, oui… J'ai discuté avec Ella Dépoussurlatête, et elle m'a dit que tu chahutais. Tu as sans doute besoin d'un phare dans ta nuit : dis-moi ce qui ne va pas, et je te guiderai.

– D'accord. Ce qui ne va pas, c'est que de méchants extraterrestres veulent envahir la Terre. Et maintenant, guidez-moi.

Le directeur est devenu tout rouge :

– Je sais que vous autres petites créatures cherchez à défier l'autorité des adultes. D'ailleurs, toi, ça se voit : pourquoi ne portes-tu pas un tatouage, une belle casquette comme la mienne ou un anneau dans le nez, comme tous les autres ? Franchement, avec ta cape, tu es ridicule !

– Et vous, avec vos cheveux gris, vous êtes vieux, c'est pas mieux…

Avant qu'Alphonse Sivitekalvafinirparse-prendrunmur ait pu répondre, quelqu'un a frappé à la porte.

– Monsieur le directeur, on vous demande à l'entrée de l'école.

– Du monde sur le ponton ? Tenez bon, matelots, j'arrive… Mais je reviens, a-t-il promis en se retournant vers moi.

Dès qu'il est sorti, j'ai bondi sur le téléphone. Je n'avais plus une minute à perdre : si ce fou me tuait, je ne pourrais plus *jamais* sauver la Terre ! J'ai composé le numéro des renseignements, et j'ai chuchoté :

– Donnez-moi le numéro du président, je dois lui parler d'urgence.

– Hein ? Qui êtes-vous ? Que voulez-vous ? Où êtes-vous ?

– Je suis SacréFarceur, je veux parler au président, et je suis dans le bureau du directeur. Il va me torturer, et après me tuer et me manger. Il faut que j'arrête les Coiffeurs de l'espace avant !

– Qui t'a autorisé à utiliser mon téléphone ? a grondé une voix dans mon dos.

J'ai raccroché précipitamment. Alphonse Sivitekalvafinirparseprendrunmur était de retour !

– Euh… personne… J'ai vu que ce pauvre combiné s'embêtait, là, tout seul, alors je me suis dit que je devrais lui parler un peu…

– Le temps s'obscurcit pour vous, mon gaillard ! a lâché le directeur en s'approchant.

Groumfy ! J'allais mourir ; mais je vendrais chèrement ma peau. J'avais une arme pour me défendre, et pas n'importe laquelle. Mes blagues nulles !

– Monsieur le directeur, savez-vous pourquoi les joueurs de cornemuse marchent toujours en soufflant dans leurs instruments ?

– Non.

– Pour fuir le bruit.

Pas un sourire. Le diable était coriace. Moi aussi :

– Un fou tombe de son lit pour la deuxième fois en deux minutes. Que dit-il ?

– Aucune idée, a marmonné le directeur.

– « J'ai bien fait de me relever, sinon, je me serais tombé dessus ! »

– Petiblagueur, je veux voir ton père.

– Facile ! Mais je m'appelle SacréFarceur…

Je lui ai tendu une photo de Bob qui traînait dans ma poche.

– C'est ton père ? m'a demandé Alphonse Sivitekalvafinirparseprendrunmur.

– Oui, enfin, pour le moment. En réalité, c'est mon beau-père. Mon vrai père est toujours sur Croûton, ma planète natale.

– Ta quoi ?

– Ma planète natale. Ça n'a rien d'extraordinaire. On a tous une planète natale. La mienne est plus originale que la vôtre, point final.

– Demain, à neuf heures, rendez-vous dans ma cambuse avec ton beau-père. Compris ? Sinon, c'est l'estrapade avec les fers aux pieds !

J'ai plongé entre les jambes du directeur pour lui échapper. Encore une fois, mes blagues m'avaient sauvé la vie. Pourvu qu'elles aient aussi le temps de sauver la Terre !

Un livre avec seulement sept chapitres ?
Jamais !
Dan Gutman est fier de vous présenter le

huitième

Chat Pitre

BLAGUE

« Monsieur Pafuté craque une allumette. Rien.
Il en craque une deuxième. Rien.
Il en craque une troisième. Rien.
Il en craque une quatrième. Elle s'enflamme.
- Ah ! s'écrie-t-il. Celle-là marche, je vais la garder.
Alors, il l'éteint et il la remet dans la boîte. »

Le soir, j'ai annoncé à Bob qu'il avait rendez-vous avec Alphonse Sivitekalvafinirparseprendrunmur.

– Qu'est-ce que tu as encore fait? s'est-il lamenté.

– Rien, l'ai-je rassuré. Je crois que le directeur s'embête un peu, alors il veut te voir pour s'occuper.

Il n'a pas eu l'air très convaincu par mon mensonge. Je ne suis pas super bon, pour ce genre de truc. Normal: sinon, je m'appellerais Sacré-Menteur.

Le lendemain matin, Bob s'attendait donc au pire. Il avait tort: le directeur lui a solennellement affirmé qu'il s'inquiétait pour rien.

– Non, non et non, monsieur Beaupère. Je ne suis pas là pour punir SacréFarceur, mille sabords! Je veux juste être le phare qui l'éclairera afin qu'il évite les écueils de la vie.

– Hum, tant mieux…, a murmuré Bob.

– Vous comprenez, la vie est un long fleuve tranquille, mais il faut quand même apprendre les règles pour y naviguer.

– Bien sûr…

SacréFarceur n'est pas méchant, il est juste un peu différent, et croyez que je respecte toutes les

différences : radeau d'eau douce, supertanker, zodiac de plage, ou catamaran des océans, chaque bateau a sa raison d'être, n'est-ce pas ?

– Certainement…

– Alors, ce que je vous propose, c'est que vous convainquiez SacréFarceur de faire un petit effort pour être moins perturbateur, vous voyez ce que je veux dire ?

– Très bien.

Résultat des courses : le soir, Bob m'a consigné dans ma chambre pour que je travaille. J'ai essayé d'apprendre mes leçons. Reine Elizabeth m'en a empêché. Depuis quelque temps, elle n'arrêtait pas de me poser des questions qui tuent. Ce jour-là, elle s'interrogeait sur les animaux :

– Si personne ne trait une vache, est-ce qu'elle explose comme une bombe à lait géante ?

– Oui, ai-je affirmé pour avoir la paix.

– Mais comment elles se débrouillaient pour ne pas exploser quand il n'y avait personne pour les traire ?

– Elles se trayaient entre elles, ai-je suggéré.

– C'est impossible ! a rétorqué Reine Elizabeth.

– Je plaisantais ! En réalité, c'étaient les chevaux qui s'en occupaient.

– Un cheval ne peut pas traire une vache !

Là, c'est moi qui ai explosé :

– Alors, toutes les vaches explosaient, qu'est-ce que tu veux que je te dise ?

À la demande du président, je dois rajouter une blague ici.

Une Sacrée blague

de SacréFarceur

« - Pppppappppppa, tttttu as vvvvvu
la bbbbbelle dddddame ?
- Non, je n'ai pas fait attention.
- Et llllllà, tttttu as vvvvvu
la bbbbbelle dddddame ?
- Euh, non plus, je regardais ailleurs.
- Et llllllà, tttttu as vvvvvu la...
- Oui, là, je l'ai vue !
- Alors pppppourquoi
tttttu as mmmmmarché
dddddedans ? »

Ma chienne a senti que je n'avais plus rien à lui apprendre sur le sujet. Ça ne l'a pas empêchée de continuer à me casser les pieds :

– Et pourquoi tout ce qui est bon fait grossir ? Et depuis quand la couleur orange s'appelle comme ça ? Et est-ce qu'une loi sans sanction sert à quelque chose ? Et pourquoi les abeilles font « bzzzzzzz » et les chats « miaou » ? Et c'est quoi, un « ne » explétif ? Et qui c'est le plus fort, le loup ou le renard ? Et pourquoi ça coûte si cher, l'opéra ? Et tu ne trouves pas ça triste, de ne jamais voir tes fesses ? Et…

– SILENCE ! a crié Bob. Mon émission préférée va commencer !

J'ai foncé au salon, Reine Elizabeth scotchée à mes talons. Le générique de la *Comédie qui décoiffe* défilait sur l'écran.

Ça ne m'intéressait pas, bien sûr : je ne regardais la télé que pour m'informer, comme toujours.

Le spectacle était enregistré en public. Lorsque Clic, Clac et Schtonck sont arrivés sur le plateau, les spectateurs se sont levés pour les applaudir à tout rompre.

– Clic-Clac-Schtonck ! Clic-Clac-Schtonck ! scandaient-ils.

– Falut, bande d'andouilles !

Une vague de rires a déferlé sur l'assistance.

– Moi, f'est Clic et eux, f'est ma clique, ah ah ah, a lancé le plus grand des trois gaillards. Z'efpère que vous paffez une fuper foirée…

– Ouiiiiiiiii, a criiiiiiiiié le public.

– … vu qu'il ne vous refte plus beaucoup à vivre, a continué l'extraterrestre : bientôt, votre planète fera détruite !

Une tornade de gloussements a emporté les spectateurs. Écroulés de rire, ils tapaient sur leur fauteuil comme si ce que venait de dire Clic était trop drôle.

– Lui dire vraie vérité, a grogné le plus gros des monstres.

– Laiffez-moi me livrer à une démonftrafion sur fes imbéfiles, a demandé le plus petit.

– Inutile, Ftonck. Nous allons leur montrer ce que nous avons fait fe matin à Taiwan.

Clic s'est tourné vers la caméra pour déclarer :

– Regardez bien, abrutis, et tirez-en les conféquenfes.

Un homme est apparu sur l'écran :

– Un type bizarre avec une antenne sur la tête m'a visé avec son pistolet, a-t-il expliqué. Juste après, je me suis aperçu que j'étais chauve, et que ce voyou était en train de manger mes cheveux.

– Excellent ! a rugi Bob, mort de rire.

– C'est épouvantable ! s'est lamentée une femme. J'allais battre le record du monde des plus longs cheveux quand un horrible goulapiat me les a aspirés avec son pistolet. Puis il les a avalés comme si c'étaient des spaghettis !

– « Des spaghettis » ! Trop fort ! a gémi Bob.

Le reportage se terminait par une manifestation de chauves. Ils portaient des pancartes étonnantes :

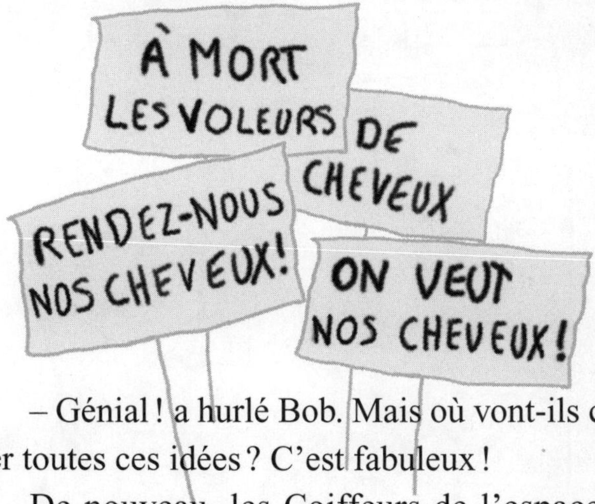

– Génial ! a hurlé Bob. Mais où vont-ils chercher toutes ces idées ? C'est fabuleux !

De nouveau, les Coiffeurs de l'espace ont envahi le téléviseur.

– Vous ne pourrez pas dire que vous n'avez pas été prévenus, a conclu Clic. Donnez-nous vos seveux de votre plein gré, ou nous ferons oblizés de vous les prendre de forfe…

Reine Elizabeth m'a murmuré :

– Il est temps que tu réagisses, tu ne crois pas, SacréFarceur ?

Elle avait raison. Mais comment allais-je m'y prendre ?

ATTENTION

Si votre prof vous demande de reposer ce livre maintenant, sous prétexte qu'on ne lit pas de romans pendant les cours, ne lui obéissez pas. Il est important que vous le finissiez au plus vite. Vous pourrez toujours rattraper les cours plus tard. Si votre prof insiste, pas de panique : il est jaloux. Dites-lui que vous lui prêterez votre livre quand vous l'aurez fini, à condition qu'il vous laisse tranquille.

Hop, hop, hop ! Plein d'énergie, le

neuvième

Chat Pitre

vous souhaite à tous un joyeux anniversaire, une excellente année, un prompt rétablissement et une bonne continuation.

BLAGUE

« Au cinéma, monsieur Pafuté chuchote
à son voisin de siège :
- Vous n'auriez pas vu mon swing-gum ?
- Votre chewing-gum ? Vous croyez vraiment
que c'est le moment ?
- F'est que ze fuis un peu inquiet :
il y a mon dentier, avec. »

Le lendemain matin, avant de sauver la Terre, je devais me sauver, moi. En effet, dès que je suis arrivé à l'école, une femme aux énormes lunettes a fondu sur moi :

– Bonjour, je suis Brtgtzrft, docteur Brtgtzrft.

– Enchanté. Moi, c'est Farceur, SacréFarceur.

– Je suis psychologue, m'a-t-elle expliqué en m'entraînant vers son bureau. Je suis là pour t'aider. Tu peux avoir confiance en moi. Est-ce que tout va bien dans ta vie ?

– Non.

– Dis-moi ce qui ne va pas.

– J'ai une maladie incurable, ai-je menti.

– Pauvre chou ! a compati le docteur Brtgtzrft.

– Ce n'est pas tout : mon hamster a disparu. Personne ne m'aime. Mon père bat ma mère tous les soirs. Ma maison a été détruite par un ouragan, et maintenant je vis dans la rue. Quand j'étais petit, je me suis cogné. J'ai un coup de soleil sur le nez. Ma chaussette a un trou. Le soleil a rendez-vous avec la lune, mais la lune ne le sait pas. Les autobus sont très bruyants. Je…

– Stop-stop-stop ! a glapi la psychologue. Tu te moques de moi, n'est-ce pas ?

– Euh… oui, un peu, ai-je avoué.

– Pourquoi éprouves-tu ce besoin de toujours faire le clown ?

– Ce n'est pas un besoin, ai-je expliqué. C'est juste que l'atmosphère terrestre m'a donné un sens

de l'humour supérieur. J'ai beau essayer, je ne peux pas m'empêcher de lancer des blagues. Tenez, vous savez ce que dit le médecin à un mourant ?

– Non…

– « J'ai deux nouvelles pour vous, une bonne et une mauvaise. La bonne, c'est qu'il vous reste deux semaines devant vous. La mauvaise, c'est que ça fait quinze jours que j'essaie de vous joindre. »

Un silence.

– D'accord, a dit le docteur Brtgtzrft en prenant des notes. Je vois. Bon. Soit. Bien. Très bien. Parfait. Et pourquoi tu portes cette nappe à carreaux ?

– Ce n'est pas une nappe : c'est une cape. Et je la porte parce que mon autre cape à carreaux est au sale.

– Logique… À présent, regarde cette image, concentre-toi et dis-moi ce que tu vois.

– Une petite Esquimaude qui pêche devant son igloo.

– Hein ? Mais pas du tout ! C'est un garçon qui jette une pierre.

– Oui, enfin, la petite Esquimaude est derrière le garçon. Vous, vous ne pouvez pas la voir mais ça n'a aucune importance, c'est moi qui passe le test, non ?

La psychologue a acquiescé, les yeux presque aussi grands que les verres de ses lunettes. Puis elle m'a demandé :

– Et le garçon, sur qui jette-t-il la pierre ? Sur son père, peut-être ?

– Non, sur l'ours polaire.

– Sur *quoi* ?

– Ben… sur l'ours polaire qui a fait peur à la petite Esquimaude, qui s'est réfugiée derrière le garçon, qui lance une pierre sur l'animal pour l'éloigner.

Le docteur Brtgtzrft s'est rendue :

– Laisse tomber cette image. Tu vois ces bouts de bois ? Tu peux faire ce que tu veux avec.

J'ai pris celui qui me semblait le plus appétissant, et je l'ai croqué.

– Mais… qu'est-ce que tu fabriques ? s'est exclamée la psychologue.

– Je ne fabrique pas, je mange, ai-je répondu la bouche pleine.

– Arrête immédiatement ! Ces supports d'expression personnelle coûtent une fortune !

– Hé ! Vous m'avez dit : « Tu peux faire ce que tu veux avec », ai-je protesté.

– Je n'imaginais pas que tu allais les manger !

– Alors il fallait dire : « Tu peux faire ce que tu veux avec, sauf les manger. »

Le docteur Brtgtzrft s'est frappé le front et, d'une toute petite voix, elle a lâché :

– SacréFarceur, je crois que je vais devoir parler à ton père.

– Vous voulez dire : à Bob Beaupère ? Ce n'est pas vraiment mon père, ai-je précisé. Mon *vrai* père est resté sur Croûton. Comme son nom l'indique, cette planète ressemble à un croûton de pain. Si elle ressemblait à un hippopotame, elle ne s'appellerait certainement pas Croûton. Le Croûton est situé à cent soixante-trois millions d'années-lumière de la Terre, dans la galaxie des Plats de Résistance, à un jet de petit pois de la grande planète Saucisse-Purée. Vous suivez ?

Mais, quand je me suis retourné, la psychologue avait disparu. Dommage ! J'avais fini ses bouts de bois. Ils m'avaient mis en appétit, et j'aurais bien grignoté quelques autres supports d'expression personnelle.

Malgré tous ses efforts, l'auteur n'a pas pu s'empêcher d'écrire un nouveau

troisième

DeViNeTTE

« C'est quoi, un animal jaune à deux pattes qui gambade gaiement dans la rosée du matin ?

- Un joyeux chimpanzé qui a la jaunisse. »

Quand la psychologue a téléphoné, le soir, Bob a mis le haut-parleur.

– Je crains que SacréFarceur ne soit malade, monsieur Beaupère, a déclaré le docteur Brtgtzrft. Gravement malade. Très, très, très gravement malade.

– À ce point ? Mais qu'est-ce qu'il a ?

– La farcite aiguë. Il fait tout le temps des farces, et il est incapable de rien prendre au sérieux.

– Y a-t-il un remède ?

– Oui : il faut lui proposer sans cesse des activités absolument inintéressantes pour neutraliser ce qu'il appelle son « sens de l'humour ».

– Alors, que dois-je faire ?

– L'obliger à regarder des tournois de golf à la télé. L'amener dans des musées d'art moderne. Lui demander de lire des livres d'Odile Weulersse. Lui donner des cours de tuba soprano. Lui apprendre les bonnes manières. Enfin, vous voyez le genre !

Bob a frissonné :

– Vous êtes sûre que ça marchera ?

– Hélas, non. Mais ça ne peut lui faire que du bien. Mieux vaut commencer le traitement tout de suite. Vous avez le câble ? Forcez SacréFarceur à regarder deux heures de TV Météo chaque soir.

Papa a eu le culot de remercier la psychologue, puis de m'ordonner de regarder une émission spéciale sur TV Météo. Le thème ? L'histoire du thermomètre digital, de son invention à nos jours. Passionnant.

Heureusement, au bout d'un quart d'heure, le téléphone a sonné. Je me suis précipité pour répondre :

– Allô, SacréMixeur ? Ici le président. Je dois vous voir immédiatement.

– Monsieur le Président ! SacréFarceur à l'appareil. Comment allez-vous ?

Bob a bondi en m'entendant prononcer «monsieur le Président».

– Je vais bien, SacréLifteur, je vais bien, mais je suis inquiet. Quand pouvez-vous monter à Washington?

– Ouh là! Ça va être difficile dans les prochains jours…, ai-je menti pour avoir l'air important. J'aurai peut-être un petit moment à vous consacrer dans deux semaines…

Bob m'a fait de grands signes pour que je revienne sur mes déclarations. Il avait tellement peur de ne pas rencontrer le président qu'il oubliait les règles élémentaires de la négociation!

– SacréBipeur, c'est MAINTENANT que j'ai besoin de vous! Dans deux semaines, la Terre sera détruite si vous ne vous bougez pas les…

– Bon, si vous insistez…

– J'insiste!

5 Sacrés conseils

POUR AVOIR L'AIR IMPORTANT EN PRENANT UN RENDEZ-VOUS

(et un sacréavertissement en prime)

❶ Commencer chaque conversation par : « Je serais ravi, mais… » ou : « Il faudrait qu'on se voie plus souvent, dommage que je sois si pris » (même si on pense le contraire).

❷ Toujours demander à consulter son cahier de textes ou son agenda (même quand on n'en a pas).

❸ Prétendre ne pas être disponible avant au moins deux semaines (même si on l'est).

❹ Attendre que l'autre propose un rendez-vous, puis dire : « Oh ! Désolé ! J'ai justement rendez-vous à cette heure-là avec Jennifer Lopez (ou Matt Damon) ! » (même si ce n'est pas vrai).

❺ Proposer un rendez-vous lointain ; si l'autre insiste pour avancer la rencontre, dire : « Excuse-moi, je n'ai pas que toi à voir, j'ai des amis, moi » (même si on n'en a pas).

Un Sacré Avertissement

de SacréFarceur

Attention : le feu qui cuit ton riz demain te brûlera peut-être (proverbe croûtonien). En clair, vous pouvez être un jour dans la position de celui qui réclame un rendez-vous…

– Envoyez-nous un avion privé, et nous arrivons tout de suite !

– Entendu, SacréFrimeur. Rendez-vous à l'aéroport. Un avion part immédiatement pour vous chercher.

Bon, allez, on arrête de plaisanter :
voici le

dixième

Chat  Pitre

DEVINETTE

« Comment distingue-t-on un chewing-gum
ouvert depuis trop longtemps
d'un chewing-gum qu'on vient d'ouvrir ?
- C'est celui qui ne fait plus de bulles. »

– Enfin, vous voilà, SacréTeeshirt ! s'est exclamé le président dès que Bob, Reine Elizabeth et moi sommes entrés dans son bureau. Il était temps : je m'arrachais les cheveux moi-même !

– Que puis-je pour vous, monsieur le Président ? ai-je demandé.

– Beaucoup : mes cheveux sont en danger, et c'est grâce à eux que j'ai été élu !

Bob a sursauté :

– Vous n'avez pas été élu grâce à votre programme, à votre expérience, à vos propositions concernant l'avenir du monde ?

– Bien sûr que non ! a pesté le président en tapant du pied. J'ai été élu parce que j'avais de beaux cheveux, alors j'y tiens. Pas question que de méchants extraterrestres me les prennent !

– Quoi ? La *Comédie qui décoiffe*... ce n'est pas des blagues ?

– Pas du tout ! a répondu le président. Sacré-Tilteur, j'ai besoin de vous.

– Pour sauver vos cheveux ?

– Ne plaisantez pas, SacréBipeur. Les cheveux, c'est important. Savez-vous pourquoi Christophe Colomb a vogué vers l'Amérique ?

– Pour découvrir d'autres mondes ? a proposé Reine Elizabeth.

– Eh non : parce qu'il n'y avait pas *un* coiffeur digne de ce nom en Espagne. Savez-vous ce qui fait monter ou baisser la mer ?

– Euh… l'attraction de la Lune et du Soleil ? a proposé Bob.

Le président a secoué la tête.

– La fonte des glaciers ? a suggéré Reine Elizabeth.

Le président a sangloté.

– Les cheveux ? ai-je avancé.

– Ouiiiiiii ! a huuuuuurlé le président. Les cheveux ! Et la Bourse, savez-vous pourquoi elle monte ou elle descend ?

– À cause des cheveux ? a risqué Bob.

– Exactement.

– Les ascenseurs aussi montent et descendent grâce aux cheveux ? ai-je demandé.

– Bien sûr, SacréCriseur !

– Groumfy ! me suis-je écrié. Je n'avais jamais pensé que les cheveux étaient aussi importants.

Pourtant, en y réfléchissant, j'ai senti que le président avait raison. Les cheveux servaient à tout, ce n'était pas la peine de citer trente-six exemples pour le comprendre.

Environ trente-six exemples quand même

de Sacrée utilisation

des cheveux par SacréFarceur

- Les bouchons
- Les tire-bouchons
- Les rigolades
- Les queues en tire-bouchon
- Les dreadlocks
- Blanche-Neige et les sept nains
- Les stylos plume
- La colère
- Le Badaboum
- Le nougat
- Les petits bonheurs
- Les catalogues de jouets à Noël
- Le papier toilette et son joli surnom, « PQ »
- La raclette
- Les livres de Dan Gutman
- Moi
- Les parties de cache-cache
- Le mâchage d'un hamburger
- Les frisbees rose fluo
- Le suspense
- Les saules pleureurs
- Le caca
- ....
- ....
- ....
- ....
- ....

Ces espaces vous sont réservés ; à vous de les remplir avec n'importe quoi.

– Ce n'est pas tout ! a dit le président. Avez-vous pensé que, sans cheveux, tous les humains seraient chauves ?

– Incroyable mais vrai…, a murmuré Bob, admiratif.

– Or, les cheveux sont la seule chose qui distingue l'homme de l'animal. Un animal a des poils, des plumes, des écailles, une coquille… mais jamais de cheveux ! Donc, sans cheveux, nous serions tous des animaux. Tenez, sans cheveux, vous deviendrez peut-être des chameaux, moi un kangourou, et toi… bon, toi, tu es déjà une chienne. Mais vous voyez l'esprit, non ?

– Alors, pourquoi ne pas tuer les Coiffeurs de l'espace ? a suggéré Reine Elizabeth.

– Si on apprend que j'ai tué les comédiens les plus regardés de la Terre, je suis fini !

Le président s'est tourné vers moi :

– SacréSuiveur, tu es mon dernier recours. Je suis pieds et poings liés. Me voilà dos au mur. Je suis à la merci de ces bandits. C'est maintenant ou jamais. Il faut vaincre ou mourir. À toi de montrer de quel bois tu te chauffes. Mon destin est entre tes mains. L'avenir de l'humanité ne dépend que de toi. Il n'y a pas d'autre espoir. Est-ce que j'ai sorti assez d'idioties ?

– Vous avez oublié : « Quand on n'a pas le choix, on n'a pas le choix », a fait remarquer Bob.

– Exact : quand on n'a pas le choix, on n'a pas le choix, SacréLifteur. Je compte sur toi.

– Vous pouvez, monsieur le Résident.

– Président.

– C'est ce que je disais, monsieur le Persistant.

Le président a abandonné.

Dans la limousine qui nous ramenait à l'aéroport, Bob m'a demandé :

– SacréFarceur, tu crois que tu vas y arriver ?

– Aucun problème, ai-je affirmé.

Je ne bluffais pas : j'avais rencontré le président. Combattre les extraterrestres ne serait plus qu'une formalité. Ça, c'était mon domaine. J'étais un superhéros, après tout, non ?

ATTENTION

Si votre père vous demande
d'éteindre la lumière,
n'arrêtez pas de lire.
Il est plus important
que vous finissiez ce livre !
Vous pourrez toujours dormir
demain, pendant les cours.

Ça alors ! Regardez : encore un

troisième

Quel scandale !

BLAGUE

« - Au feu ! Enguerrand, mon petit, appelle vite les pompiers !

- D'accord : je leur téléphone dès que ce maudit piano a complètement brûlé. »

– Excuse-moi d'avoir douté de toi, Sacré-Farceur, m'a dit Papa. Je croyais que toute cette histoire d'extraterrestres, c'était pour de faux !

– C'est nous qui sommes pour de faux, a lancé Reine Elizabeth. *Nous* sommes des personnages de roman !

– Mais Clic, Clac et Schtonck sont de vrais extraterrestres, eux, ai-je précisé.

– Comment vas-tu t'y prendre pour les arrêter ? a voulu savoir Bob.

– Je vais leur lancer des blagues nulles jusqu'à ce qu'ils se rendent.

– Tes blagues puent, a déclaré ma chienne.

– Reine Elizabeth ! me suis-je exclamé. Nous sommes des personnages de roman *pour la jeunesse*, nous n'avons pas le droit de dire des gros mots.

– N'empêche que tes blagues puent, a répété ma chienne.

J'ai haussé les épaules, genre : parle à mes fesses, ma tête est malade. Et tant pis pour la jeunesse !

Par précaution, cependant, j'ai foncé sur Internet dès que nous sommes rentrés. Objectif : apprendre quelques blagues toutes neuves. Des histoires drôles hyper longues et d'autres hyper courtes, des vannes réservées aux adultes et des devinettes nulles, des monsieur-et-madame et des Toto, des jeux de mots subtils et des rébus incompréhensibles.

– Ce n'est pas comme ça que tu vas guérir de ta farcite aiguë ! a remarqué Bob. Mais puisqu'il s'agit de sauver les cheveux du président…

J'ai donc révisé et rerévisé mes nouvelles blagues sans problème.

Lorsque je me suis senti au point, je l'ai signalé aux autorités militaires, qui m'ont escorté à la cachette secrète des extraterrestres. Reine Elizabeth et Bob ont voulu m'accompagner pour obtenir des autographes.

Nous avons été conduits dans une pièce sombre. Sur les murs, j'ai remarqué une carte du monde où certains pays étaient coloriés : c'étaient sûrement ceux où les monstres avaient déjà sévi.

– Eh, sef, sef ! a crié Clac. Y a des méssants ! Moi torturer ?

Clic, qui ne nous avait pas vus arriver, s'est retourné. Un sourire mauvais a étiré ses lèvres :

– Non… Attends un peu… Nous allons zouer avec nos nouveaux amis. F'est quoi, votre nom ?

– Je m'appelle SacréFarceur, et je suis l'envoyé spécial du président. Je vais sauver la Terre, y compris la Corrèze, qui n'intéresse pas grand-monde mais ça me fait plaisir, alors…

– Plaisir fans conffience n'est que ruine de l'âme, a objecté Schtonck.

Groumfy ! À l'évidence, cet hurluberlu ridicule me défiait. Il avait tort : je n'avais jamais perdu un combat de proverbes tordus.

Si vous ne savez pas ce que veut dire hurluberlu, pas grave, moi non plus.

– Tant va la cruche à l'eau qu'à la fin y a plus d'eau, ai-je lancé.

– Zamais deux fans trois moins un.

– Qui vole un œuf dure, ai-je craché.

– Qui trop embrase mal éteint, a-t-il rétorqué aussi sec.

– Qui finit le Coca va en racheter.

– Qui falit la ferviette lave la nappe.

– Qui va à la chasse perd son temps.

– Qui va à la pêsse auffi.

– Qui s'aime aujourd'hui, demain récoltera peut-être, ai-je lâché.

J'ai vu que Schtonck hésitait.

– Quand on f'entend mal, il faut parler plus fort, a-t-il quand même trouvé.

Il était solide ! Mais j'avais de la réserve :

– Si une nuance t'échappe, cours-lui après.

Là, il n'a rien trouvé. J'en ai rajouté un dernier bien nul pour lui apprendre la modestie :

– Nul n'est censé ignorer la noix. À toi !

Il a craqué :

– Euh… euh…

– Vainqueur par KO, SacréFarceur ! a annoncé Reine Elizabeth.

J'ai jeté ma cape sur mes yeux, et je me suis mis à imiter un avion tout en babillant :

– C'est trop super génial, je ne réalise pas complètement ce que je viens de faire mais je sais que c'est grand, historique même, alors je voudrais remercier tous ceux sans qui je n'aurais jamais pu y arriver, et notamment…

– FILENFE ! a crié Clic.

– Bon, d'accord, je ne remercie personne, ai-je lâché en battant en retraite.

J'ai remis ma cape à sa place. Après tout, j'étais ici en mission diplomatique. Je devais avoir l'air hyper professionnel.

– Quelles sont vos motivations exactes ? ai-je demandé aux bandits.

– Pour nous comprendre, il faut favoir que tout a commenfé avec le big bang, a expliqué Clic.

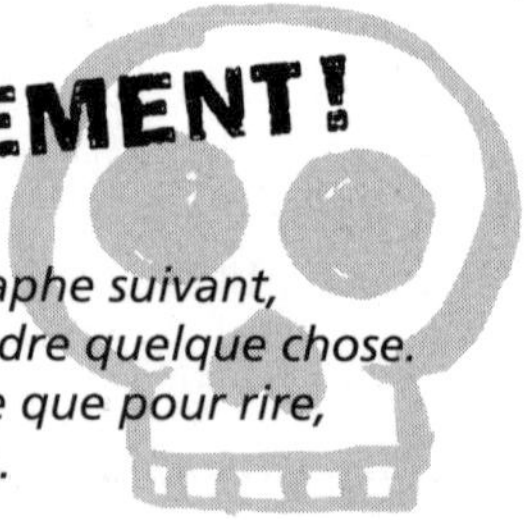

AVERTISSEMENT !

Si vous lisez le paragraphe suivant,
vous risquez d'apprendre quelque chose.
Si vous ne lisez ce livre que pour rire,
sautez ce paragraphe.
Si vous le lisez pour
apprendre quelque chose,
fermez-le et foncez
consulter un médecin.
Je ne peux rien pour vous.

Le big bang est une énorme explosion d'atomes qui aurait créé l'univers il y a dix milliards d'années, d'après certains savants.

Cette phrase était dédiée aux professeurs et aux bons élèves. Oui, oui, vous aussi, vous pouvez acheter mes livres et y trouver votre bonheur.

Ça y est ! Dans les paragraphes suivants, vous ne risquez plus d'apprendre quoi que ce soit !

– L'explosion du big bang a été fi forte qu'elle a foufflé tous les seveux de tous les habitants d'Épilator, a continué Schtonck. Ils n'ont zamais repouffé.

– Mais pourquoi avez-vous décidé de devenir coiffeurs si tout le monde était chauve ? s'est étonné Bob.

– On n'a prefque pas de concurrents.

– Alors pourquoi attaquer la Terre ? ai-je objecté. Ici, il y a plein de coiffeurs !

– Mais il y a plein de seveux, aussi. Et, fur Épilator, nous adorons manzer des seveux ! Quand nous reviendrons là-bas avec tous les seveux des Terriens, nous ferons des fuperhéros…

– Je suis navré, vous ne serez jamais des superhéros, leur ai-je appris.

Clic a ricané :

– Et pourquoi ?

– Parce que moi, je suis un superhéros, et je suis là pour vous empêcher de raser le monde.

– Ah ah ah ! ont rugi ensemble les trois Coiffeurs de l'espace.

– Efpèfe d'infolent ! s'est exclamé Schtonck. Comment oves-tu parler ainfi au Grand Clic ?

– En ouvrant la bouche, ai-je dit.

– Avec nos fuper afpire-seveux, nous allons vous raser zufqu'au dernier[1] ! a promis Clic.

– Clac content ! a approuvé le gros de la troupe.

J'ai pris la parole :

– Écoutez, je vous propose une chose : vous

1. En clair : « Avec nos super aspire-cheveux, nous allons vous raser jusqu'au dernier. » (Note du traducteur). Euh, finalement, je ne sais pas si c'est beaucoup plus clair...

repartez tout de suite chez vous, et je vous promets de donner votre nom à un pays. Par exemple, on pourrait appeler celui-ci les États-Unis des Coiffeurs de l'espace…

– Vous avez mal perfu nos deviderata[1], a rétorqué Schtonck.

– Fe font vos seveux que nous désirons, a insisté Clic. Le refte ne nous intéreffe pas[2].

– Très bien. Je vais donc devoir vous combattre avec mon sens supérieur de l'humour.

– Moi pas comprendre[3], dit Clac.

– Vous n'avez qu'à sauter les passages que vous ne comprenez pas[4], lui ai-je conseillé.

– Tu veux nous faire rire, f'est fa ? a deviné Clic. Vas-y, effaye !

– Pourquoi les cannibales ne mangent pas les clowns ?

Silence.

– Parce qu'ils ont un drôle de goût !

Re-silence.

---

1. En clair : Vous n'avez rien pigé. (Note du traducteur)
2. En clair : Eh, ça suffit, vous n'avez qu'à sauter les passages que vous ne comprenez pas. (Note du traducteur)
3. Lui aussi n'a qu'à sauter les passages qu'il ne comprend pas. (Note du traducteur)
4. Ah ! Je savais bien que SacréFarceur serait d'accord avec moi ! (Note du traducteur)

– Moi pas rire, a constaté Schtonck.

– Y a pas de quoi être fier, ai-je répondu. Attends celle-là !

Une Sacrée blague
de SacréFarceur

- Maman, encore un bonbon ...

- Non, tu en as eu assez.

- Allez, maman, encore un ...

- Non.

- Maman, s'il te plaît, un bonbon...

- Non, c'est non.

- Maman, euh, juste un bonbon ...

- Bon, mais c'est vraiment le dernier, d'accord ?

- D'accord, mais tu me déçois : tu n'as aucune volonté !

Re-re-silence.

Une autre Sacrée blague
de SacréFarceur

- Il est bien, le livre que tu lis ?

- Non : il y a trop de personnages et pas assez d'action.

- Comment ça s'appelle ?

- L'annuaire.

Re-re-re-silence.

– C'est Matthias qui dit à Marie-Aude : « On joue au papa et à la maman, d'accord ? Alors, toi, tu vas faire la vaisselle et moi, je vais regarder la télé ! »

– Moi encore pas rire, a constaté Schtonck.

– Tu n'aurais pas une blague sur les cheveux ? a suggéré Bob.

– Non, pas pour le moment, mais j'ai une énigme. C'est un Américain, un Belge et un Martien qui tombent dans une piscine. Seul le Belge ne se mouille pas les cheveux. Pourquoi ?

– Oh, facile, *trop* facile ! a protesté Reine Elizabeth.

– Fais pas, a lâché Clic.

– Parce qu'il est chauve.

– Pfff ! T'aurais pu me laisser dire la réponse, a couiné Reine Elizabeth.

– Moi toujours pas comprendre[1], a conclu Clac.

– Je crois que fe nabot ferait plus rigolo f'il était sauve, a stupidement suggéré Schtonck, qui n'avait pas digéré sa défaite dans le combat de proverbes tordus[2].

---

1. Aucune importance. Il veut sûrement faire son intéressant. (Note du traducteur).

2. Si vous avez oublié ce passage, vous pouvez le relire : il est dans l'un des troisièmes chapitres. Malheureusement, j'ai oublié lequel. (Note d'on ne sait plus trop qui.)

– Fuyez ! ai-je hurlé en montrant bravement l'exemple.

Nous avons fusé vers la sortie. Grâce à ma cape, je ne suis tombé que deux fois, ce qui m'a permis d'éviter les redoutables rayons laser dont les bandits nous arrosaient sans doute. Soudain, un « pofffff » a claqué. Je n'y ai pas prêté attention. J'ai continué de courir à toutes jambes, et je ne me suis arrêté que quand je n'ai pas pu faire autrement.

– SacréFarceur, tu as vu Reine Elizabeth ? a soufflé Bob.

– Non. Qu'est-ce qu'elle…

Je me suis tu. Je venais de repérer ma chienne. Elle se cachait comme elle pouvait avec ses pattes, mais ça ne servait à rien : elle était nue. Le « poffff » de tout à l'heure, c'était sûrement un coup d'aspire-cheveux ! J'étais abattu.

Reine Elizabeth n'avait plus un poil sur elle.

J'avais échoué à protéger la Terre.

J'avais mis en danger mes compagnons.

J'avais laissé mes ennemis les blesser.

J'avais tout fait rater.

Pour la première fois de ma vie, je ne me sentais pas drôle du tout. Je me sentais plutôt très, très, très triste.

ATTENTION

SacréFarceur a-t-il définitivement échoué dans sa mission ?
N'est-il donc pas un superhéros ?
Bref, ce livre va-t-il se terminer sur une fin aussi nulle ?
Vous le saurez en lisant le prochain chapitre.

Voici le

dernier

Chat Pitre

Eh oui, c'est bien la FIN !

Après le prochain et dernier chapitre, le

suivant

En fait, je blaguais
(tournez encore la page, vous verrez).

Ah ah ah ! Je vous ai bien eu ! Voici encore un

troisième

Chat

Pitre

(N'empêche, vous avez eu peur, hein ?)

BLAGUE

« - Tu sais quel temps il fera, demain ?

demande un ange.

- Oui, répond un autre : on dit qu'il y aura des nuages.

- Chic ! On va pouvoir s'asseoir ! »

Je n'étais pas aussi drôle que je le croyais. Bob a donc retrouvé l'espoir de me guérir de ma farcite. Tous les soirs, avant la *Comédie qui décoiffe*, j'avais droit à deux heures de TV Météo. Les sujets abordés étaient variés : outre les reportages (il n'y en avait qu'un, celui sur l'histoire du thermomètre digital, il passait en boucle et je l'avais déjà vu dix fois), on passait des débats, où des spécialistes se disputaient pour savoir quel temps il ferait le lendemain au Japon, dans le Massif Central, au milieu de nulle part ou en Australie. Pour tout dire en trois mots, c'était « très pas intéressant ».

Mais le pire, c'était qu'après, il y avait l'émission des Coiffeurs de l'espace. Ils avaient définitivement quitté leur retraite secrète et, chaque jour, ils s'attaquaient à un pays. Après l'Espagne, l'Égypte. Puis l'Allemagne. La Tchétchénie. Le Turkménistan. Partout, les gens devenaient chauves.

Le succès de l'émission était tel qu'on racontait qu'un livre était en préparation, ainsi qu'un dessin animé, et même un film, réalisé par Steven Spielberg lui-même ! Aux infos, un flash résumait les derniers événements :

– Aujourd'hui, expliquait par exemple le présentateur, les Coiffeurs qui décoiffent se sont attaqués à la Chine, rien que ça ! Là-bas, tout le monde est devenu chauve. La mode lancée par les Coiffeurs de l'espace a gagné les provinces les plus reculées de cet immense pays : « C'est très tendance, a expliqué à notre reporter Mao Zedong-Dong, un paysan du Tsechouan. Et, en plus, c'est très économique : ça m'évite de me ruiner en shampooing ! »

Petit à petit, les Coiffeurs de l'espace rasaient tous les hommes, et personne ne semblait choqué. Je me sentais impuissant : mon sens de l'humour n'était pas assez supérieur.

À l'école, même Ella Dépoussurlatête était contente de moi, c'est dire. Et Sal Monellose s'inquiétait :

– Alors, SacréFarceur, qu'est-ce qui se passe ? Tu as oublié toutes tes blagues nulles ?

– Je n'ai plus envie de rire, répondais-je.

C'était vrai. Les extraterrestres d'Épilator avaient gagné. Ils étaient partout: sur les T-shirts, les cartables, les affiches, les timbres, les paquets de céréales… Il y avait des autocollants Papipi à collectionner « Coiffeurs de l'espace », des bonbons « Coiffeurs de l'espace », des jeux « Coiffeurs de l'espace », des magazines « Coiffeurs de l'espace », des figurines « Coiffeurs de l'espace », et même du papier toilette à la gloire des Coiffeurs de l'espace. Tout le monde répétait les phrases préférées des extraterrestres:

– On rase gratif!

– Moi torturer!

– Les seveux ou la vie!

– Bientôt, vous ferez tous sauves!

– À mort, les poils!

J'étais détruit. Laminé. C'est alors que le président m'a rappelé au secours:

– SacréGriffeur, où en êtes-vous de votre lutte contre Qui-vous-savez ?

– J'ai perdu, ai-je soupiré. Je ne peux rien contre eux. Ils sont trop forts pour moi. Je ne suis même pas digne de leur donner ma fausse moustache. Je dois m'incliner. Désolé…

– Mais enfin, SacréFixeur, vous parlez comme un être normal alors que vous êtes un superhéros ! Réveillez-vous ! Vous ne savez pas la nouvelle ? Les Coiffeurs sont au Canada ! Demain, ils seront chez nous. Bou-ouh ! Si vous ne faites rien, dans vingt-quatre heures, mes beaux cheveux auront disparu…

Je n'étais peut-être pas un superhéros aussi puissant que je l'avais rêvé. Pourtant, le président avait raison : je devais faire quelque chose ! Sauver les cheveux du président ou mourir : telle était ma mission.

– D'accord, monsieur le Président. À une condition…

– Tout ce que vous voulez.

– Racontez-moi une blague.

– Une blague ? À vous ? Je n'oserai jamais.

– Alors, je ne pars pas au combat.

– Très bien, très bien… Laissez-moi un instant

pour appeler Eddie Murphy, euh, je veux dire pour réfléchir…

Instant pour appeler Eddie Murphy
ou pour réfléchir.

– J’ai trouvé, m’a enfin annoncé mon interlocuteur.

Une plaisanterie du président

Devant le Parlement, le président fait un discours passionnant, comme d’habitude. Mais quelques députés grossiers discutent entre eux.

Un auditeur, agacé, se tourne vers eux :

- Je n’entends rien ! se plaint-il.

- Et alors ? répond un bavard. Ce n’est pas à vous qu’on parle !

J’ai ri (allez savoir pourquoi !) puis j’ai dit :

– Monsieur le Président, vous avez gagné : je vais renvoyer les Coiffeurs de l’espace chez eux !

Puisque ce n'est toujours pas fini,
en avant pour le

cinquante et unième

Environ

« - Mon amour ! s'écrie la femme
du Prix Nobel de chimie.
C'est merveilleux, le petit vient de dire
ses premiers mots.
- Et qu'est-ce qu'il a dit ? Papa ? Maman ?
- Non : térexolbualt de NH04. »

Les services secrets du président nous ont conduits, Reine Elizabeth, Bob et moi, à l'endroit où les Coiffeurs se reposaient avant d'attaquer les États-Unis.

– Arrière, sales voleurs de cheveux ! ai-je crié en bondissant dans leur retraite. SacréFarceur est de retour, et il n'est pas content !

– Moi torturer lui ? a demandé Clac, pas très impressionné.

– Pas encore, a répondu Clic. Laiffe-le un peu fe ridiculiser d'abord.

– Rendez-vous tant qu'il est temps, bandits !

Schtonck a ricané :

– Nous rendre ? Quelle idée curieuje ! Et pourquoi ferions-nous fefi, f'il te plaît ?

– Parce que, sinon, je vous raconterai des blagues tellement nulles que vous vous écroulerez de rire et me supplierez d'arrêter. Vous aurez même beaucoup de chance si, à force de rire, vous ne recrachez pas vos poumons ou n'importe quel autre organe.

– Ah ah ah ! a répondu Clic. Tu me fais rire.

– Vous voyez ? Qu'est-ce que je vous disais ? Et maintenant, plus de pitié !

Une Sacrée blague
de SacréFarceur

« Papa, papa, j'ai été à la ferme !
Y avait plein de cochons !
- Et alors ?
- Eh bien, ils parlaient comme toi quand tu dors ! »

– F'est nul, a estimé Clic.

– Merci, mais écoutez celle-là, vous m'en direz des nouvelles.

Encore une Sacrée blague
de SacréFarceur

« Joe La Terreur est dans un saloon. Il montre quatre cow-boys installés au comptoir et dit à Bob Le Tueur :
- T'as vu, le type, là-bas ?
- Lequel ?
Joe La Terreur tire sur les trois cow-boys et reprend :
- Celui qui reste.
- Ouais, qu'est-ce qu'il a ?
- Ben, j'le déteste. »

– Franssement, z'ai zamais entendu des blagues auffi nulles, a déclaré Schtonck.

– Mais ça ne vous fait pas rire ? Attendez : celle-là, c'est une spéciale dédicace pour vous.

Une troisième sacrée blague
de SacréFarceur

« - Papa, arrête !
- Arrête quoi ?
- Arrête de grandir : ta tête dépasse de tes cheveux ! »

– Confternant, a lâché Clic.

– D'accord, je vois : vous voulez que je vous raconte celle du mille-pattes qui va dans un magasin de chaussures et qui dit que…

– Non ! a répondu Clic. Clac, attasse-les.

– Vous n'avez pas le droit ! a protesté Bob. Nous demandons à voir un avocat, l'ambassadeur, le juge des libertés, un conseiller spirituel, un journaliste indépendant, un expert psychiatre, la Croix Rouge, et, en plus, je trouve ça pas sympa du tout, comme attitude ! On fait un millier de kilomètres pour vous rendre visite, et vous, pour nous remercier, vous nous attachez…

– Ah ah ah ah ah ah ah ah ah ah ah ah ah ah ah, ont rétorqué en chœur les trois monstres.

– Je crois qu'ils rient, a observé Bob, et je n'aime pas ça.

– Au contraire, c'est super ! s'est exclamée Reine Elizabeth. SacréFarceur, lance une blague, vite !

– Je… je n'en trouve pas… Ça me reprend… Je suis sec…

– Quoi ? Tu n'arrêtes pas de nous saouler à longueur de temps avec tes blagues à la noix, et quand il faut en sortir une à un moment crucial, tu nous fais le même coup !

Bob a essayé une nouvelle fois de raisonner les Coiffeurs :

– Voyons, les gars, ici, vous êtes des superstars. Vous n'allez quand même pas détruire une planète où vous êtes plus adorés qu'Albert Einstein, *Terminator*, Henri Dès et l'inventeur des scoubidous réunis ?

Soudain, une flopée de blagues me sont revenues. Mais les Forces du Mal nous avaient déjà attachés à des chaises, les bras derrière le dos.

Un Sacré conseil

inédit de SacréFarceur

Quand vous ne vous souvenez plus d'aucune blague, pensez au mot « scoubidou ».
Si ça ne marche pas,
pensez au mot « schtroumpf ».
Si ça ne marche pas non plus,
achetez un livre d'histoires drôles
et gardez-le toujours sur vous.

– Quelle est votre dernière volonté ? a demandé Schtonck.

– Je voudrais raconter une blague, ai-je aussitôt dit.

– *Une* seule, m'a averti l'extraterrestre.

– C'est une dame qui ne se sent pas bien. Elle entre dans une épicerie, elle s'assoit sur une caisse d'œufs, elle entend un « crrrrac », et elle dit : « Ouh là là, je dois couver quelque chose… »

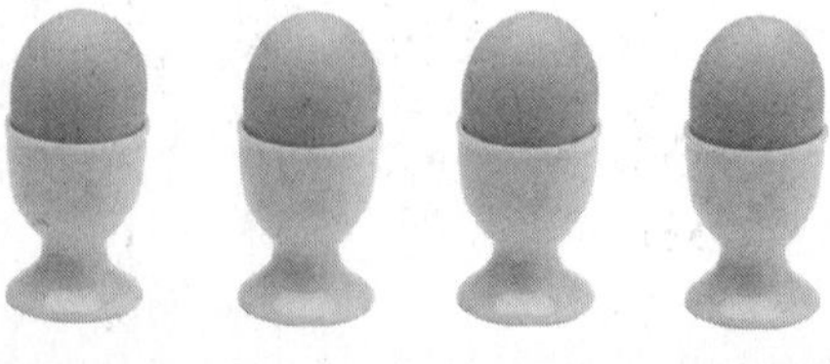

« Poffff », a fait un aspire-cheveux laser. Et Schtonck m'a tendu un miroir en me disant :

– La coupe convient-elle à monfieur ?

J'avais des cheveux des deux côtés de la raie, mais la raie faisait cinq bons centimètres de large. Pour la première fois de ma vie, j'étais laid !

– Et maintenant, FacréFarfeur, tu vas mourir ! m'a appris Clic.

Alors, j'ai bien fait de ne pas finir
tout à l'heure, hein ?
Et maintenant, pensez-vous
que SacréFarceur
va échapper à la mort atroce
que lui promettent
les Coiffeurs de l'espace ?
Pensez-vous que Reine Elizabeth
va retrouver ses poils ?
Pensez-vous qu'Alphonse
Sivitekalvafinirparseprendrunmur
mange les enfants pour de vrai ?

Vous n'avez plus que quelques secondes
pour faire vos jeux :
vous avez remarqué
que vous approchez de la fin de ce livre,
puisqu'il ne reste que quelques pages.
Sur les conseils de mon éditeur,
j'ai préféré raconter toutes les âneries
qui précèdent avant de vous dévoiler
le dénouement.
Subtil, pas vrai ?

C'est aussi pour ça que je suis écrivain,
et que vous êtes lecteur.
Chacun son boulot, n'est-ce pas ?
Enfin, je parle, ou plutôt j'écris,
et vous,vous ne rêvez que d'une chose :
lire la fin de l'histoire. C'est bon, la voilà.

Signé : Dan Gutman

J'ai perdu le compte, alors disons que,
en gros, c'est le

vingtième

Chat Pitre

d'accord ?

BLAGUE

« - Docteur, j'ai mangé des huîtres
et je ne me sens pas bien.
- Quand vous les avez ouvertes,
vous n'avez rien senti de particulier ?
- Ah, parce qu'il fallait les ouvrir ? »

Moi, SacréFarceur, je venais d'être partiellement décheveuifié par les Coiffeurs de l'espace. En plus, j'avais l'impression que le pire était à venir, et qu'il n'allait pas tarder !

– Tu es sûre que nous sommes des personnages de fiction ? ai-je demandé à Reine Elizabeth pour qu'elle me rassure.

– Euh... Non, plus vraiment, a-t-elle avoué. Par contre, je suis sûre que tes cheveux de fiction sont sur le sol.

– Affez blablaté, FacréFarfeur ! a lancé Clic. Avant de te tuer, ze vais te teindre en violet.

– En violet ? Pourquoi ?

– Parfe que z'aime bien fette couleur.

– À propos de violet, vous savez la différence entre un poulet et une grappe de raisin ?

– Moi pas favoir, a répondu Clac.

– Ils sont tous les deux violets, sauf le poulet.

– Filenfe ! a ordonné Clic.

– Qu'est-ce qui est violet et qui ressemble à un très, très, très grand seau ?

– Moi pas favoir.

– Un très, très, très grand seau violet.

– Tais-toi, a dit Schtonck. Tes viftoires n'intéreffent perfonne, et moi, elles me donnent mal à la tête.

– C'est bon signe, SacréFarceur ! s'est exclamée Reine Elizabeth. Encore une !

– Qu'est-ce qu'un zèbre noir et blanc ?

– Moi pas favoir.

– Un zèbre !

– Mais comment il fait ? s'est exclamé Clic. Dès qu'il fort une blague nulle, il arrive à en trouver une autre, encore plus nulle ! Fa me donne le vertize…

– Demandez-moi si je suis une orange.

– Es-tu une oranze ? s'est informé Schtonck.

– Non.

– Gaaaaarg ! a gaaaaargué Clic.

Fort de ce succès, j'ai poursuivi dans la même veine :

– Un microbe rencontre un autre microbe : « Tu as une drôle de tête », lui dit-il. Et l'autre répond : « Normal, je viens de me prendre une aspirine ! »

– F’est mauvais !

– Que dit un microbe à un autre microbe, sur une lamelle de microscope ?

– Moi pas favoir, a reconnu Clac.

– Souris, on nous regarde !

– Aaaaaah ! a crié Clic. Encore quelques blagues, et ma tête va explover !

– D’accord. Qu’est-ce qu’on ne peut pas voir et qui *pue* la carotte ?

– Moi pas favoir.

– Une carotte invisible ? a essayé Schtonck.

– Eh non ! La bonne réponse était : un prout de lapin.

– Raaaaah ! a râââââlé Clic.

– Que crie un hérisson perdu dans le désert quand il croise un cactus ?

– Moi pas favoir.

– « Ah, maman ! Justement, je te cherchais ! »

– Ftoooooop ! a suuuuupplié Clic.

– Dans le journal, un Égyptien lit : « Au Caire, un passant est écrasé toutes les deux heures. » Il se tourne vers son voisin, et il dit : « Le pauvre, il n’a pas de chance, quand même ! »

– Fa fuffit !

– Vous connaissez l'histoire de Jérémy la souris ?

– Moi pas connaître, a dit Clac.

– Moi non plus. Donc je vais en raconter une autre. Elle est un peu longue, mais, comme j'ai mis du temps à l'apprendre, il faut bien que je la place aujourd'hui.

Une sacrée longue histoire drôle
de SacréFarceur

C'est l'histoire d'un vieux guide Touareg. Comme il est aveugle, il trouve sa route en faisant couler un peu de sable dans sa main : selon lui, le sable de chaque endroit fait un bruit différent. Un jour, des touristes décident de se moquer de lui. Ils prennent du sable au marché de Tamanrasset, et ils partent dans le désert à dos de chameau, avec le vieux guide. Au milieu de leur promenade, quand il n'y a plus que des dunes à perte de vue, ils prennent le guide à partie :

- Tu nous as emmenés n'importe où !
Nous sommes perdus !

Le Touareg est étonné : il croyait bien avoir pris la route habituelle.

- Passez-moi un peu de sable, dit-il.
Les touristes lui donnent celui qu'ils ont ramassé
au marché. Le vieux guide le laisse couler,
l'écoute, fronce les sourcils,
en fait couler encore une poignée, puis sourit :
- Messieurs, vous avez raison ! Je ne suis qu'un
pauvre vieillard indigne de votre confiance :
au lieu de vous emmener au milieu du désert,
je vous ai emmenés sur le marché de Tamanrasset !

– Hé, mais, SacréFarceur, attention ! s'est écrié Bob. Elle est presque bien, celle-là !

– Tu n'en as pas d'autres, plus nulles ? a réclamé Reine Elizabeth.

Aussitôt, j'ai repris ma litanie de questions :

– Quel est le double d'un million ?

– Huit mille ? a suggéré Clac.

– Erreur : deux millions, a corrigé Schtonck.

– Objection, Votre Laideur : le double d'un mi-lion, c'est un lion !

– Au fecours ! Faites-le taire ! a gémi Clic en se tenant la tête entre les mains.

– Que fait un cannibale quand il a des brûlures d'estomac ?

– Moi pas favoir.

– Il mange un pompier. Monsieur et Madame Nesontvraimentpasbeauxmaismoissi ont un fils et une fille. Comment les appellent-ils ?

– Moi pas favoir.

– Sébastien et Hassina, parce que Sébastien et Hassina ne sont vraiment pas beaux, mais moi, si. Que dit un crayon de couleur à un crayon à papier ?

– Moi pas favoir..., a grogné Clac.

– « Qu'est-ce que tu as ? Tu fais grise mine, aujourd'hui ! »

– Ze n'en peux plus ! a pleurniché Clic.

ARRÊTEZ-LE ! ARRÊTEZ-LE !

ARRÊTEZ-LE !

– Quelles cartes faut-il pour servir le thé à huit personnes ?

– Facile ! a affirmé ma chienne.

– Reine Elizabeth ! est intervenu Bob. Ne gâche pas tout…

– Clic, fais quelque fose ! a supplié Schtonck.

– Huit as, ah ah ah ! Si vous ne partez pas de Terre immédiatement et sans condition, je continue. Est-ce que vous savez, par exemple, ce que dit…

Soudain, Clic a bondi et m'a enfoncé son mouchoir dans la bouche pour m'empêcher de parler.

EXCLUSIF ! ENFIN DÉVOILÉE !

La devinette masquée

Une sacréedevinette inédite de SacréFarceur

« Que dit M. Pafuté en entrant dans l'asile
à l'heure de la promenade ?
– Il y a un monde fou, ici ! »

– Ah ah ah toi-même ! s'est écrié Clic. Les mains dans le dos, la bousse fermée, tu vas avoir du mal à nous empêsser de mettre notre plan à exécuffion. Les Coiffeurs de l'efpafe ont gagné !

– Pas encore ! a répondu quelqu'un dehors.

Clic s'est figé et a regardé la porte.

– Comment fa, « pas encore » ? Depuis quand

une porte fe permet-elle de donner fon avis ?

– Viens par ici, tu comprendras !

Clic a regardé ses compagnons.

– Fette porte est très curieuse. Clac, va voir fe qui fe paffe.

Le gros Clac s'est approché. « Clic » a fait la poignée, et paf ! la porte s'est ouverte à la volée, assommant Clac, avant de se refermer.

– Ftonck ! a piaillé Clic. Ze crois que z'ai peur !

– Laiffez-moi faire, sef, a plastronné le petit Coiffeur.

Il s'est approché. On a entendu un « clic », et paf ! le Schtonck.

– Il fe paffe quelque sose de frtictement inattendu ! a constaté Clic. Ze n'y comprends rien…

Il s'est approché à son tour, plus prudemment que ses acolytes. Quand la porte s'est ouverte, Sal Monellose est apparu, un canif à la main.

– Arrière, monstre ! a-t-il lancé à l'extraterrestre. Moi aussi, j'ai une blague pour toi : qui est plus fort que les trois Coiffeurs de l'espace réunis ? Un bon Sal Monellose !

Clic s'est rendu. Salvatore m'a enlevé mon

bâillon et a coupé les cordes qui nous retenaient, Reine Elizabeth, Bob et moi.

– Toi ici ! me suis-je subtilement exclamé. Mais pourquoi…

– Tes blagues nulles me manquaient, a affirmé Salvatore. Et puis, la maîtresse te déteste tellement que, cette année, c'est toi qu'elle fera redoubler, pas moi. Je devais te ramener en bon état pour pouvoir passer au collège.

– Mais comment…

– Je t'ai suivi, je me suis accroché à l'arrière de ta limousine, puis à ton avion privé. Fastoche !

– Mais d'où…

– Oh, ça suffit, les explications ! a protesté Bob. On s'occupe de ces gaillards ou pas ?

Clic a mis Schtonck sur son dos ; Salvatore s'est chargé de Clac ; je les ai guidés jusqu'au vaisseau en donnant des conseils ; Bob et Reine Elizabeth ont suivi. Ils ne servaient à rien, mais comme ils étaient là…

Dès que les extraterrestres ont été enfermés dans leur espèce de cyberballe de tennis géante, un grand bruit de moteur s'est fait entendre, et, dans une immense traînée de shampooing, le vaisseau a regagné les profondeurs célestes qu'il n'aurait jamais dû quitter. Salvatore a souri :

– Il s'en est fallu d'un cheveu !

– Oui, je suis passé à un poil du désespoir…, a reconnu Bob.

Ouf ! une fois de plus, mon humour supérieur (aidé par une porte) avait anéanti les Forces du Mal…

– Heureusement, à part les Croûtoniens, les extraterrestres n'ont aucun humour ! ai-je conclu.

Il était temps ! Il serait arrivé un chapitre plus tard,
vous n'auriez jamais lu ce

dernier

(qui est encore le troisième, d'après certains calculs.)

BLAGUE

« Un cannibale voit passer un avion dans le ciel.
- Ça se mange ? demande-t-il à sa maman.
- Oui, mais il faut d'abord enlever la peau. »

Dans l'avion du retour, Bob m'a préparé un mot d'absence pour Ella Dépous-surlatête :

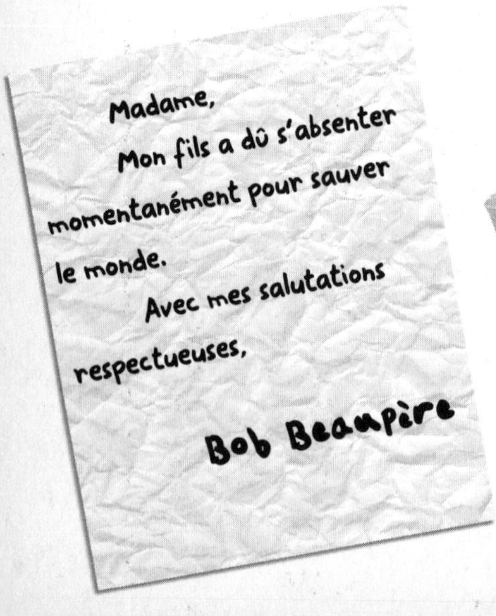

Madame,

Mon fils a dû s'absenter momentanément pour sauver le monde.

Avec mes salutations respectueuses,

Bob Beaupère

Tout était donc bien qui finissait bien : le monde était sauvé (par moi) de l'échauvissement total, et moi-même j'étais sauvé de la colère d'Ella Dépoussurlatête (par Bob). J'aurais donc pu terminer ce livre maintenant. Mais, avant, j'ai décidé de répondre aux dernières questions que vous vous posez :

Avant-avant-dernière question :

Le directeur de l'école Johnny-Maxwell
est-il vraiment un cannibale ?
Avant-avant-dernière réponse :
Je ne sais pas.

Avant-dernière question :

Reine Elizabeth va-t-elle retrouver ses poils ?
Avant-dernière réponse :
Je ne sais pas non plus.

Dernière question :

À part ça, y a-t-il d'autres questions ?
Dernière réponse :
Toujours aucune idée.

Voilà, c'est la fin.
Un petit conseil pour la route.
Le rire est comme l'envie de danser,
la tuberculose, et la bêtise :
il s'attrape facilement.
Si vous avez le choix,
essayez d'attraper plutôt le rire.
Ah, encore une remarque :
un homme heureux en rend plusieurs heureux.
N'oubliez jamais ça.

Sacréfarceur

Vous pourrez arrêter de lire dès que vous verrez apparaître le mot : « Pschitt ».

PSCHITT

Imprimé en R.F.A. par Clausen & Bosse